ZHISHENG
ZHI DAO

制胜

之道

总主编
曹健华

坚持开拓创新

JIANCHI KAITUO CHUANGXIN

湖南教育出版社 · 长沙

总 主 编 曹健华

副总主编 吴厚庆 蔡文辉 刘 艺

编 委 会 （按姓氏笔画排序）

王 晔 王 蔚 王海峰 艾医卫 伍先禄 刘 艺

刘新民 李美玲 吴厚庆 何良安 易 武 胡新良

曹健华 谢兵良 蔡文辉 霍修勇

本册主编 胡新良

本册副主编 杨大庆 豆小红

本册作者 胡新良 杨燕曦 杨大庆 豆小红 李 宇

序　言

中国特色社会主义进入新时代，以习近平同志为主要代表的中国共产党人坚持把马克思主义基本原理同中国具体实际相结合、同中华优秀传统文化相结合，坚持毛泽东思想、邓小平理论、“三个代表”重要思想、科学发展观，深刻总结并充分运用党成立以来的历史经验，从新的实际出发，创立了习近平新时代中国特色社会主义思想。为贯彻落实习近平新时代中国特色社会主义思想，党中央就学习党的历史、总结历史经验作出了一系列重大部署。

2021 年 2 月 20 日，党中央启动党史学习教育，要求全党同志做到学史明理、学史增信、学史崇德、学史力行，学党史、悟思想、办实事、开新局，以昂扬姿态奋力开启全面建设社会主义现代化国家新征程，以优异成绩迎接建党100周年。7月1日，习近平总书记在庆祝中国共产党成立100周年大会上发表重要讲话，回顾了党的百年历史、总结了伟大成就、提出了“九个必须”的根本要求。11月8日至11日，党的十九届六中全会召开，审议通过的《中共中央关于党的百年奋斗重大成就和历史经验的决议》提出：一百年来，党领导人民进行伟大奋斗，在进取中突破，于挫折中奋起，从总结中提高，积累了宝贵的历史经验。这就是坚持党的领导，坚持人民至上，坚持理论创新，坚持独立自主，坚持中国道路，坚持胸怀天下，坚持开拓创新，坚持敢于斗争，坚持统一战线，坚持自我革命。以上十个方面，是经过长期实践积累的宝贵经验，是党和人民共同创造的精神财富，必须倍加珍惜、长期坚持，并在新时代实践中不断丰富和发展。

中国共产党全面总结党的百年奋斗重大成就和历史经验，对推动全党进一步统一思想、统一意志、统一行动，团结带领全国各族人民夺取新时代中国特色社会主义新的伟大胜利，具有重大现实意义和深远历史意义。决议有助于党员干部增强“四个意识”，坚定“四个自信”，做到“两个维护”，捍卫“两个确立”。当前和今后一段时间，学习宣传阐释党的十九届六中全会精神是一项重要政治任务，广大理论工作者尤其是党校理论工作者必须在这一关键时刻担当使命，积极作为。正是因为有了这种责任感和使命感，中共湖南省委党校（湖南行政学院）、韶山干部学院在党的十九届六中全会召开后就积极行动起来，校（院）委第一时间传达会议精神，专家学者们在湖南卫视、湖南经视、红网等主流媒体进行解读，13 位省委党校的专家学者入选湖南省十九届六中全会精神宣讲团。为了给广大党员干部提供鲜活的学习教材，省委党校、韶山干部学院发挥师资力量雄厚、研究基础良好、善于团结协作的优势，编辑出版了“制胜之道”丛书。

该丛书以习近平新时代中国特色社会主义思想为指导，对《中共中央关于党的百年奋斗重大成就和历史经验的决议》提出的十条历史经验进行全面系统深入学习研究。丛书对标决议原文、立足百年党史、着眼重大成就，以宏阔的视野阐释百年历史经验，包括其重大意义、形成条件、基本内涵、实践基础、时代要求等内容，力求用活泼的语言表达深邃的思想、用严谨的逻辑彰显理论的魅力、用生动的案例印证历史的规律，做到权威性、理论性、可读性、趣味性有机融合，使之成为一套雅俗共赏的丛书，引导党员干部和广大人民群众学原文悟原理，切实汲取历史智慧、洞悉历史规律、掌握历史主动，进一步增强党史自信，旗帜鲜明抵制历史虚无主义，真正实现正本清源、固本培元。

回首来时路，我们热血沸腾、心潮澎湃。眺望前行路，我们壮志在胸、豪情满怀。让我们更加紧密地团结在以习近平同志为核心的党中央周围，勿忘昨天的苦难辉煌，无愧今天的使命担当，不负明天的伟大梦想，以史为鉴、开创未来，全面落实“三高四新”战略定位和使命任务，为全面建设富强民主文明和谐美丽的社会主义现代化新湖南不懈奋斗！为实现中华民族伟大复兴的中国梦奋勇前进！

编者

2022 年 1 月

前　言

百年以来，党和国家的事业在坚持开拓创新中不断发展壮大起来。毛泽东思想、邓小平理论、“三个代表”重要思想、科学发展观和习近平新时代中国特色社会主义思想无一不是在开拓创新中发展和完善起来的。可以说，一部党的奋斗史，就是一部开拓创新史。因为坚持开拓创新，我们党才始终具有强大的力量和旺盛的生命力；因为坚持开拓创新，我们党才始终走在时代的最前列；因为坚持开拓创新，我们党才不断开创马克思主义理论发展的新境界。

今天，借鉴党开拓创新的历史经验，对开启我国社会主义现代化新征程具有非常重要的意义。当前，我们面临的国际国内形势错综复杂，机遇前所未有，挑战也前所未有。广大党员干部要敢于开拓创新、革故鼎新，不应只破不立，而要破旧立新。要大力弘扬开拓创新精神，不断增强开拓创新意识，提高开拓创新本领，形成开拓创新风尚，加快开拓创新步伐。要把思想认识从那些不合时宜的观念、做法和体制机制的束缚中解放出来，善于在开拓创新中统一思想，用习近平新时代中国特色社会主义思想指导实践，敢想别人不敢想的事，敢做别人不敢做的事，坚决破除影响坚持开拓创新的各种障碍，使坚持开拓创新的活力进一步迸发出来。

开拓无边界，创新无止境。广大党员干部要从百年历史经验中汲取力量，充分挖掘创新潜能，尽情发挥创新才干，竭力提高创新成效，用创新开辟发展新空间，夺取实现中华民族伟大复兴的新胜利。

目　录

第一章

开拓创新是国家和民族发展进步的不竭动力

在党的十九届六中全会审议通过的《中共中央关于党的百年奋斗重大成就和历史经验的决议》中，“坚持开拓创新”作为党百年奋斗的历史经验之一被郑重提出，这一历经百年党史总结出的历史经验弥足珍贵，必须倍加珍惜、长期坚持，并在实践中不断加以丰富和发展。

一、顺应时代潮流的需要

坚持开拓创新是我们党历经磨难考验而永葆生机活力的关键密码,更是在新的历史起点上开辟发展新空间、不断把我们党的伟大事业推向前进的要求，“越是伟大的事业，越充满艰难险阻，越需要艰苦奋斗，越需要开拓创新”①。

立足当下，世界正处在大发展大变革大调整时期，我们必须深入把握社会信息化、经济全球化、文化多样化、世界多极化发展的时代大趋势，顺应时代潮流，准确识变，科学应变，主动求变，始终与时代同向同行。

1. 顺应社会信息化发展大趋势

当今世界，社会信息化发展进入空前密集活跃的时期，信息技术与现代生物技术、新材料技术、新能源技术等的交叉融合正在引发新一轮科技革命和产业变革，数字化、智能化、网络化、服务化是新一轮科技革命的显著特征。社会信息化的发展正在深刻改变着人们现有的生产生活方式，改变着我们所处的世界，也深刻影响着各国的前途命运和人民的生活福祉。

---

① 本书编写组.《中共中央关于党的百年奋斗重大成就和历史经验的决议》辅导读本［M］. 北京：人民出版社，2021：077.

谁在社会信息化发展上占据制高点，谁就能赢得先机、赢得安全、赢得优势、赢得未来。

面对具有新特征新要求的社会信息化发展大潮，我们既要牢牢抓住千载难逢的历史机遇，也要理性面对前所未有的严峻挑战。从挑战来看，主要是当前我国高科技创新领域可供借鉴的科技成果数量正在不断减少，借鉴的难度正在加大，西方国家对我国相关领域的防范和遏制力度在不断加强，我国在关键核心技术和产品研发方面目前尚不能实现完全自主，关键核心技术受制于人的局面还没有得到改变。

近年来，社会信息化发展在我国发展中的战略性、基础性和先导性作用日益突出，我国社会信息化发展正在形成自己的优势，面临着难得的机遇。抓住这一巨大的历史性机遇，需要坚持开拓创新，才能立于不败之地。正如习近平总书记2017年12月在中共中央政治局第二次集体学习时所要求的："我们要坚持以供给侧结构性改革为主线，加快发展数字经济，推动实体经济和数字经济融合发展，推动互联网、大数据、人工智能同实体经济深度融合，继续做好信息化和工业化深度融合这篇大文章，推动制造业加速向数字化、网络化、智能化发展。”

一是抢抓数字产业化发展机遇。数字经济是引领实体经济创新发展的引擎，也是助推质量变革、效率变革和动力变革的加速器。新一轮产业变革具有两个明显的特征：一是产业发展跨界融合，新一代信息技术使得产业跨界融合成为现实；二是新产业、新模式、新业态快速兴起，如新一代信息技术、新材料、新能源、新环保等现代技术都进入了快速发展期，催生出具有关联性强和发展前景广阔的新产业、新产品、新业态，而新技术的产业化和商业化应用又将不断打造出新的业务部门和新的主导产业，不断催生出新的经济增长点。

用好坚持开拓创新这把“金钥匙”，才能努力发现、培育和壮大新的经济增长点。因为只有发展理念上创新了，才能认清发展趋势，保持头脑清醒，蹄疾步稳地推进产业变革，确保新技术朝着符合我国发展实际和服务高质量发展的方向迈进；只有体制机制创新了，才能面向市场需求，突出价值导向，确保新技术创造实实在在的经济价值，形成更可持续发展的经济生态，最大程度地释放新技术的潜能；只有围绕创新链、布局产业链，才能不断发展壮大战略性新兴产业，形成新的创新链、价值链和产业链。

二是抢抓产业数字化发展的机遇。社会信息化发展将对我国传统产业进行全方位、全角度、全链条的改造，在更大范围、更深层次推动我国经济的绿色发展、循环发展和低碳发展，必将深刻改造我国传统生产方式和服务业态，推动传统生产方式和发展模式创新，促进制造业和服务业跨界融合发展。

深入推进产业数字化发展，需要大力发展战略性新兴产业。加快装备制造、新材料、电子信息、船舶和海洋工程装备、生物医药、航空航天等产业发展，打造高新技术产业链，抢占新兴产业发展的制高点。

深入推进产业数字化发展，需要坚决淘汰小钢铁、小水泥等高能耗、高污染的落后产能，并加快推进冶金、纺织等传统产业的升级改造，切实提升传统产业的技术层次和技术水平。

三是抢抓数字强国建设的赶超机遇。社会信息化发展不仅孕育着创新机会、领先机会，也孕育着数字强国建设的赶超机会，形成了史无前例的“超级机遇”，抓住机遇的国家与地区将跻身发展前列，失去机遇将可能被对手远远落下。

机遇总是垂青不懈奋斗的创新者。抓住数字强国建设的赶超机遇，需要全党全国人民坚持开拓创新，以数字化驱动工业、农业、国防、教育科技、国家治理能力现代化，才能抢占有利位置；需要掌握信息科技领域的关键技术和核心专利，才能加速经济高质量发展，创造中国奇迹，才能把发展的主动权牢牢掌握在自己手中，把竞争的主赛场牢牢控制在自己手中，在挑战中实现跨越，在不断创新创造中完成赶超。

2. 顺应经济全球化发展大趋势

当前，世界正处于新的经济全球化浪潮日渐兴起的时代。过去的经济全球化浪潮已带来世界政治经济格局的深刻变化，众多发展中国家尤其是新兴发展中国家加速实现了工业化，在经济全球化浪潮中实现了稳步崛起。

在经济全球化新时代，各国的经济国界正在变得日益模糊，同时，经济主体和经济行为也正变得越来越“混合”“交织”和“共生”。

各国经济特别是大国经济都融入相互交织的关联网中，“你死我活”的传统竞争格局已经演变为“一荣俱荣、一损俱损”的耦合状竞争格局。在经济全球化新时代，过去那种试图以对外扩张来转移国内矛盾的策略已经过时，各国必须首先“把自己的事情办好”。

展望未来，作为全球最大发展中国家的我国如何“把自己的事情办好”？路径只有一条，就是必须顺应和把握经济全球化大趋势，努力开拓创新，坚定不移地走社会主义市场经济的发展道路，拓展更广阔的世界市场，才能赢得更广阔的发展空间。

一是要以开拓创新来引领世界经济。我们要顺应和把握住经济全球化发展的大趋势，首先是要把自己国内的经济发展好，使我国成为一个充满创新活力的国度，充分体现出我国经济体的强大生命力、竞争力和创造力。要始终坚持以经济建设为中心，稳中求进、进中求新、新中求变、变中求强，努力使我国从躯体庞大的世界经济“中等生”真正成长为充满活力的“优等生”，从“高增长引领世界经济”转变为“创新活力引领世界经济”。

二是要以“一带一路”来联通全球化发展。在经济全球化新时代，各个国家之间实现“互联互通”是大势所趋。顺应和把握这一趋势，我们必须坚持开拓创新，立足当前、着眼长远，大力实施“一带一路”合作倡议。实施“一带一路”合作倡议既能很好地顺应全球合作发展潮流，与“一带一路”沿线国家和地区的发展需要高度契合，与“互联互通”发展要求高度相融相近、相辅相成，也有利于积极推动世界贸易投资自由化便利化，同西方国家各种形式的保护主义作坚决斗争，更有利于我们引领世界发展潮流，通过努力发展壮大自己，在平等互利基础上，基于共商、共建、共享原则，建设人类利益共同体、责任共同体、发展共同体和命运共同体，谋求互利共赢。

三是要以人类命运共同体理念引领全球化发展。人类命运共同体理念强调的是顺应全球利益相互交融的趋势，努力推动发展中国家和发达国家走向共同发展、协调发展、均衡发展和普惠发展，共同维护国际社会公平正义。

以人类命运共同体理念推动经济全球化健康发展。这就要求我们必须坚持开拓创新，打破零和博弈的二元对立思维，确立和合共生的对立统一思维；打破赢者通吃的争霸之道，确立互利合作的共赢之道；打破利己主义的傲慢与偏见，确立共商、共建、共享理念。努力实现全球持久和平与共同繁荣，推动全球治理向着更加公正合理方向发展。①

以人类命运共同体理念推动全球经济可持续发展。这就要求我们必须坚持开拓创新，站

---

① 赵可金. 以人类命运共同体理念引领经济全球化发展[J]. 求是，2018（8）：55.

在构建人类命运共同体的高度，与国际社会携手同行，共谋全球生态文明建设之路，牢固树立尊重自然、顺应自然、保护自然的意识，坚持走绿色、低碳、循环、可持续发展的道路。

以人类命运共同体理念维护社会公平正义。这就要求我们必须坚持开拓创新，顺应全球利益相互交融的趋势，通过发展造福各国人民，让发展在各国间更加平衡、发展机会更加均等、发展成果由人类共享，努力促进社会公平正义。

3. 顺应文化多样化发展大趋势

当今世界，各种思想文化交流交融交锋更加频繁，从某种意义上说，人类文化的多样性成就了人类生活的丰富性，成就了多彩灿烂的世界，形成了多样的人类思维方式和表达方式，形成了多样的思想信仰和道德体系，形成了多样的文化艺术形式和文化艺术成果。

我们应准确把握人类文化多样化这一趋势

和特点，以更加开放的姿态加强文化交流、促进文化交融，以更为有效的举措应对文化交锋，把我国文化建设提高到一个新的更高的水平，占据文化软实力高地。

一是以更加开放的姿态加强文化交流。在国际文化交流活动中，我们要坚持开拓创新，趋利避害、有所作为，努力提高文化领域对外开放水平，积极推动中国文化参与世界文化发展大循环。把中华文化优势充分发挥出来，使我国成为文化市场开放的参与者和受益者。对关乎国家意识形态安全和核心利益的领域，我们要采取有效举措，科学谋划、精心设计，做到放管自如，既有助于激发活力，又能做到风险可控。

二是积极占据文化软实力高地。文化是维系民族和国家团结的精神纽带，是综合国力竞争的关键因素甚至是决定性因素，我们必须高度重视文化在综合国力竞争中的地位和作用，积极开拓创新，努力占据文化软实力高地。

要把培育和践行社会主义核心价值观作为提高国家文化软实力的第一要务。国家文化软实力突出体现在民族凝聚力上，而民族凝聚力的强弱又取决于核心价值观。社会主义核心价值观深入人心的过程，就是文化软实力形成和发挥作用的过程。因此，提高国家文化软实力的第一要务，就是要培育和践行社会主义核心价值观。正如习近平总书记所指出的："核心价值观是文化软实力的灵魂、文化软实力建设的重点。这是决定文化性质和方向的最深层次要素。一个国家的文化软实力，从根本上说，取决于其核心价值观的生命力、凝聚力、感召力。"① 切实把社会主义核心价值观贯穿于日常生活之中，通过文化熏陶、实践养成等，使社会主义核心价值观内化为精神追求，外化为自

① 习近平. 习近平总书记重要讲话文章选编［M］. 北京：中央文献出版社，2016：119.

觉行动。

要把弘扬中华优秀传统文化作为提高国家文化软实力的突出优势。中华传统文化的精华是中国文化软实力最深厚的根基，习近平总书记强调，要讲清楚中华优秀传统文化是中华民族的突出优势，是我们最深厚的文化软实力[①]。我们的先辈创造了许多跨越时空、超越国度的思想文化精华，这些文化一旦被赋予新的时代内涵，就会释放出文化软实力的巨大正能量。为此，必须对中华优秀传统文化进行深入发掘、梳理、提炼、升华并大力弘扬，在国际社会，要努力讲好中国故事，传播好中国声音。

要制定实施提高国家文化软实力和国际竞争力的战略规划。把社会效益放在首位，坚持社会效益和经济效益相统一，促进文化和产业、科技的融合，发展文化新业态，提高文化产业

① 习近平. 习近平总书记重要讲话文章选编［M］北京：中央文献出版社，2016：120.

规模化、集约化、专业化水平；构建和发展现代文化传播体系，提高文化传播能力，推动文化产业健康发展。要大力弘扬主旋律，吸纳社会力量积极参与，加强重大公共文化项目和文化产业项目建设；完善公共文化服务体系，提高公共服务效能，推动文化事业全面繁荣；坚持以我为主，积极吸收和借鉴国外有益文化；进一步完善体制机制，营造有利于高素质文化人才大量涌现、健康成长的良好环境。

4. 顺应世界多极化发展大趋势

进入 21 世纪，世界多极化趋势愈加明显，并日益向纵深发展。世界多极化深入发展既是历史发展的大势，也是国际社会的普遍期待。我们应因势而动、顺势而为，凝聚共识和力量，加强团结、深化合作，共同推动世界多极化深入发展，共同推进人类命运共同体建设。

中国是世界多极化的坚定支持者和积极推

动者。中国一贯主张国家不论大小、强弱、贫富一律平等，倡导各国的事情应由各国人民自己决定，国际规则由各国共同制定，全球事务由各国共同治理，反对一切形式的霸权主义和强权政治。

应对深刻变化的复杂国际局势，我们必须把握有利因素，转化不利因素，要通过开拓创新寻求发展动力，通过内外结合，优化发展战略，赢得战略主动。

只有坚持开拓创新，旗帜鲜明反对霸权主义和强权政治，才能恪守维护世界和平、促进共同发展的宗旨。要推动建设相互尊重、公平正义、合作共赢的新型国际关系，积极参与全球治理体系改革和建设，倡导各方共同建设持久和平、普遍安全、共同繁荣、开放包容、清洁美丽的世界，推动共建人类命运共同体。

只有坚持开拓创新，主动发挥负责任大国作用，才能以实际行动推动世界多极化深入发展。在经济合作方面，积极推动共建“一带一路”，推动建设开放型世界经济，为世界共同发展增添新动力，推动全球经济朝着更加开放、包容、普惠、平衡、共赢的方向发展。在全球治理方面，维护世界贸易组织等多边贸易体制在全球贸易自由化、便利化进程中的主渠道地位，积极推动国际金融组织改革，推动国际合作机制发展，努力提升新兴市场国家和发展中国家在全球治理体系中的话语权。

只有坚持开拓创新，推动国际制度的改革和创新，才能有效应对“百年未有之大变局”。中国作为世界上最大的发展中国家，既要根据自身实际能力承担相应的国际责任，也要坚持开拓创新，为国际制度改革提出更多的中国方案和中国智慧，与世界各国一道积极努力，重构国际制度和国际秩序。

二、回应人民期盼的需要

回溯历史,坚持开拓创新是党的宝贵精神财富，也是回应人民期盼、满足人民群众生活要求的秘诀。中国共产党从革命和建设历程中发现并坚持这一经验，才创造了丝毫不逊于人类历史上任何先发者的伟大成就。放眼未来，在新时代社会变革的历史性机遇面前，中国共产党理应继续保持开拓创新的自觉。

1. 更加注重公平正义

公平正义是人类对美好生活的永恒追求，是人类社会的共同向往。一部人类文明进步史，就是一部不懈维护和促进公平正义的历史。同时，公平正义也是中国特色社会主义的本质要求，是我们党非常崇高的价值追求，党对中国特色社会主义的探索和发展，本身就包括对科学社会主义公平正义观的理论丰富和实践发展。党的十八大提出公平正义是中国特色社会主义的内在要求，倡导公正平等的社会主义核心价值观；党的十九大报告则指出，要不断满足人民日益增长的美好生活需要，不断促进社会公平正义，形成有效的社会治理、良好的社会秩序，使人民获得感、幸福感、安全感更加充实、更有保障、更可持续。

维护社会公平正义，需要不断推动法治保障制度创新，建立一个科学合理的法律保障体系。科学合理的法律体系是实现公平正义的重要保证，具有根本性、全局性、稳定性和长期性。通过科学合理的法律制度安排，把公平正义贯穿于法律实施的各环节，真正实现科学立法、严格执法、公正司法、全民守法，公平合理地分配有限的社会资源，科学地调节社会利益关系，有效化解利益矛盾冲突，让全体人民都成为社会主义法治的忠实崇尚者、自觉遵守者和坚定捍卫者。创新社会公平正义法治保障制度，最根本的是要加强和改善党的领导，提高党在新的历史条件下科学执政、民主执政、依法执政的能力和水平。为此，要坚持和完善人民当家作主的基本政治制度，进一步创新完善事关社会公平正义的重大制度。同时，严格依法依规依程序办事，充分发挥科学合理的法律制度体系对维护社会公平正义的保证作用。

维护社会公平正义，需要不断推动社会治理创新，建立公平公正的社会治理体系。创新社会治理就是以解决社会突出矛盾问题为突破口，大力推进社会治理体系和治理能力现代化，确保社会安定有序和稳定发展。为此，必须合理调整利益关系格局，遏制居民收入差距不断扩大；必须拓展社会参与渠道，保证群众合理诉求得以实现；必须加强社会主义核心价值观建设，有效抑制信仰缺失和道德滑坡；必须抓好各项民生事业，健全社会服务保障体系；必须切实转变党政领导干部作风，坚决防治国家公职人员各种形式的腐败行为。

维护社会公平正义，需要加快城乡融合体制机制创新，建立覆盖城乡的基本公共服务体系。调整优化各级政府财政收支结构，把更多公共财政资金投向公共服务领域，特别是投入教育、就业、医疗、社会治安等民生领域，不断增强公共服务供给能力，提高公共服务质量和水平，解决好人民最关心最直接最现实的利益问题，努力实现学有所教、劳有所得、病有所医、老有所养、住有所居，使公共服务成果更好惠及普通人民群众。

2. 更加注重改善民生

中国共产党是坚持以人民为中心的执政党，代表着最广大人民群众的根本利益，习近平新时代中国特色社会主义思想始终贯穿着以人民为中心的发展思想。增进民生福祉，不仅是党和政府一切工作的出发点和落脚点，也是我国发展的根本目的。习近平总书记曾指出，“人民对美好生活的向往，就是我们的奋斗目标”。

保障和改善民生是一个复杂的系统工程。保障和改善民生工作没有终点，只有连续不断的新起点。只有坚持以人民为中心的发展思想，坚守初心和使命，坚持开拓创新，才能推动民生事业向更高水平、更高质量、更加公平、更可持续的方向迈进。

保障和改善民生，需要推动收入分配制度创新，扎实推动共同富裕。推动收入分配制度创新就是要正确处理好提倡奉献精神与落实分配政策的关系，处理好反对平均主义与防止收入悬殊的关系，初次分配和再分配处理好效率和公平的关系，初次分配注重效率，再分配更加注重公平。不断扩大中等收入群体的比重，提高低收入者的收入水平，保护合法收入，调节过高收入，取缔非法收入。聚焦就业、教育等社会关键民生领域，谋民生之利，解民生之忧，努力缩小城乡、区域发展和收入等三大差距，推动人民的生活水平跃上新台阶。

保障和改善民生，需要促进创新创业带动就业，实现更加充分更高质量的就业。坚持经济发展中的就业导向，促进就业新模式、新业态的发展，支持中小微企业吸纳更多就业。注重开展更加有效的职业技能培训，提高劳动力素质，缓解结构性就业矛盾；完善重点群体就业支持体系，统筹解决好各种失业问题；完善多渠道灵活就业保障制度，增加非正规就业机会，支持发展新就业形态，强化就业服务、劳动权益和基本生活保障。

保障和改善民生，需要深化教育体制改革创新，建设高质量教育体系。深化教育体制的改革创新就是坚持以人民为中心的思想发展教育，推动义务教育均衡发展和城乡一体化发展，促进城乡和区域之间的教育公平，缩小水平差距。进一步提高入学率和劳动者平均受教育年限，使人才培养更好适应经济社会发展的需求，造就一大批我国未来发展关键领域和关键岗位的领军人才和拔尖人才。不断完善终身学习体系，建设学习型社会，最大限度地开发人力资源。

保障和改善民生，需要深化医疗卫生体制改革创新，提高人民健康水平。深化医疗卫生体制改革创新就是把人民健康放在优先位置，着力提高基层医疗卫生服务能力，完善公共卫生事业投入机制，优化医疗资源区域布局，提高处置突发公共卫生事件的能力，加快发展健康产业，不断满足广大人民群众日益增长的健康需求。

保障和改善民生，需要深化社会保障体制机制的改革创新，健全多层次社会保障体系。深化社会保障体制机制的改革创新就是适应就业新业态的变化，建立健全各种非正规就业人员社会保险制度，提高医疗保险、失业保险、工伤保险的统筹层次和水平；为应对人口老龄化，发展多层次、多渠道养老保险体系，根据社会经济发展水平，不断提高我国社会保障的总体水平和能力，真正实现老有所养、老有所依、老有所乐、老有所安，切实增进人民福祉。

3. 更加注重利益协调

利益是人类社会一切活动的动因，也是社会发展的驱动力。马克思曾指出："人们奋斗所争取的一切，都同他们的利益有关。"列宁也曾说过，利益是"人民生活中最敏感的神经"。利益冲突是其他一切社会矛盾和冲突的最终根源。维护社会稳定发展就必须防止和解决社会利益的失衡。在现实经济活动中，我国社会各阶层、各方面还存在着一定程度的利益不协调，部门分割、行政壁垒、两极分化等现象在一定程度上存在，严重阻碍着我国经济社会的可持续健康发展。在开启社会主义现代化新征程的背景下，加强利益协调发展注定会释放出新的生产力发展的巨大潜能，是一次伟大的创新。善于搞好利益协调，这是我们党的一个巨大优势，习近平总书记曾指出："要更加自觉地运用法治思维和法治方式来深化改革、推动发展、化解矛盾、维护稳定，依法治理经济，依法协调和处理各种利益问题，避免埋钉子、留尾巴。"①

注重利益协调，就是要坚持开拓创新，以人民利益为中心。新时代坚持以人民为中心的思想体现了人民共享发展成果的利益分配导向。习近平总书记强调，发展为了人民、发展依靠人民、发展成果由人民共享。在实践中，要把人民利益摆在至高无上的地位，抓住人民最关心、最直接、最现实的利益问题开展民生保障

---

① 习近平. 习近平在党的十八届五中全会第二次全体会议上的讲话（节选）[J]. 求是，2016（1）：02.

和改善工作，统筹推进城乡教育一体化，提高就业质量和人民收入水平，完善社会保障体系建设，实施健康中国战略，打造共建、共治、共享的社会治理格局，有效维护国家安全等。

注重利益协调，就是要坚持开拓创新，在社会政策实施中坚持效率与公平并重。社会政策的安排和实施要在鼓励市场竞争与实现社会公平间实现科学平衡，既要强调相互竞争提高效率，又要强调社会公平公正。推进社会政策改革创新，立足我国当前仍处于社会主义初级阶段的基本国情，宏观上注重转变社会福利的单纯再分配功能，注重社会政策与经济政策的有机结合，强化和提升社会福利的生产功能，注重社会福利提供主体的多元化；在微观上注重社会政策对象的主体性发挥和能力提升，使社会政策对象成为经济发展进程的一部分，使社会政策在与经济发展的协调中满足人民的美好生活需要，实现在更高水平更高质量的发展中提升人民群众的获得感和幸福感。

注重利益协调，就是要坚持开拓创新，加强和创新社会治理。科学处理好政府和社会的关系，政府和社会既要各司其职又要各担其责。要坚持维权和维稳相统一，健全维护群众利益的体制机制。要善于发挥社会主体积极性，推动形成政府治理和社会调节、居民自治德治法治相结合的良性互动局面。要加强和创新社会治理基础制度，强化制度约束，形成守法诚信长效机制。要创新和完善心理卫生服务体系，积极开展心理调节疏导工作，建立心理危机干预预警机制，防范和降低社会风险。要创新和完善社会治安综合治理体制机制，以突出治安问题为导向，深化社会治安综合治理体制机制改革，提高动态化、信息化条件下驾驭社会治安局势的能力水平。要创新和健全公共安全体系，牢记公共安全是最基本的民生的道理，加快编织全方位、立体化的公共安全网络。

三、不断深化改革的需要

自我们党成立之日起，坚持开拓创新就一直是中国共产党人的鲜明特征，这是我们党具有无穷生命力的力量之源。中国特色社会主义进入新时代，我国社会主要矛盾已经转化为人民日益增长的美好生活需要和不平衡不充分的发展之间的矛盾。认清时代之问，回答时代之问，这就要求我们必须继续高举开拓创新的伟大旗帜，不断深化改革，以改革创新引领时代发展的步伐。

1. 把握改革正确方向

当代中国的改革是一场全面而深刻的革命，中国作为世界上社会主义性质的大国，决不能在改革方向这个根本性问题上出现错误，一旦出现就无法挽回。当今世界的国际国内环境错综复杂，各种思想观念和利益诉求相互激荡碰撞，当代中国共产党人必须在各种风险考验中把握改革方向，从纷繁复杂的事物表象中把准改革方向的脉搏，在众说纷纭中开好改革药方。为此，不断深化改革，必须坚持开拓创新精神，才能站稳立场、摆正出发点和落脚点。

牢牢坚持中国特色社会主义的改革方向，需要坚持开拓创新，才能不断赋予社会主义新的生机和活力。回顾过去，改革创造了市场经济与公有制的社会主义制度科学结合的辉煌篇章，取得了举世瞩目的辉煌成就。立足新发展阶段，改革创新的艰巨程度绝不亚于 40 多年前。在新的历史起点上不断深化改革，就要把握好改革的方向，以更大的担当、更大的作为进一步推动改革。需要努力突破利益固化的藩篱，敢于向顽瘴痼疾开刀。改革任务越是艰巨复杂，就越需要坚持开拓创新的精神，越需要逢山开路、遇水架桥的开拓创新的可贵品质，越需要借助于对逻辑和历史规律的科学总结来探寻新的改革路径。

坚持和改善党的领导，需要坚持开拓创新，才能提高党的领导水平和执政能力。习近平总书记强调，全面深化改革必须加强和改善党的领导，充分发挥党总揽全局、协调各方的领导核心作用，提高党的领导水平和执政能力，确保改革取得成功。在新的历史条件下，要让党的领导更加适应实践、时代、人民的要求，就必须坚持开拓创新，不断完善党的领导方式和执政方式，提高党的领导水平和执政能力；就必须建立健全坚持和加强党的全面领导的组织体系、制度体系、工作机制；就必须健全党中央集中统一领导重大工作的体制机制，优化决策议事协调机构；就必须构建系统完备、科学规范、运行高效的党和国家机构职能体系，不断完善总揽全局、协调各方的党的领导体系。

2. 广泛凝聚改革共识

当前，我国已进入一个新的历史发展阶段，人民群众对幸福生活的期待更高，对改革开放的要求更强烈。与此同时，改革进入攻坚期和深水区，推进改革的难度更大、阻力更大，需要最大限度地凝聚改革共识，形成改革合力，发挥亿万人民的积极性、主动性和创造性，在新的历史起点上不断深化改革。习近平总书记指出："实现'两个一百年'奋斗目标，需要全社会方方面面同心干，需要全国各族人民心往一处想、劲往一处使。如果一个社会没有共同理想，没有共同目标，没有共同价值观，整天乱哄哄的，那就什么事也办不成。"①

凝聚全党智慧，需要坚持开拓创新。改革推进到今天，比思想认识更重要的是精神追求，

---

① 习近平. 习近平谈治国理政：第二卷［M］. 北京：外文出版社，2017：335.

比工作方法更重要的是责任担当。全党同志只有增强学习的自觉性，多学、多思、多悟，用心、用情、用力，开拓创新，不断增强“四个意识”，坚决做到“两个维护”，同以习近平同志为核心的党中央保持高度一致，才能有效凝聚全党智慧，使我们党更加团结统一，始终成为中国特色社会主义事业的坚强领导核心。党的各级领导干部作为“关键少数”，是党执政的骨干力量，要把坚持开拓创新、凝聚改革共识作为一项重大政治责任，坚定改革的信心和决心，增强推进改革的思想自觉和行动自觉。

凝聚社会共识，需要坚持开拓创新。当今时代，个人的前途命运与国家民族的前途命运是紧密相连的，国家和民族好，个人才会好。因而，统一思想、凝聚改革共识就应当凝聚最广泛的社会共识。新的历史背景下，党必须依靠深化改革开放来振奋民心、统一思想、凝聚力量，党必须依靠坚持开拓创新来激发全体人民的创造精神和创造活力。在众声喧哗中凸显社会主导价值，在交流交融中体现中国智慧，强化社会主义核心价值观的宣传教育，加强社会热点难点问题的引导，不断增强人们的道路自信、理论自信、制度自信、文化自信。

3. 以改革攻坚克难

改革是当代中国的最大红利，承载着亿万人民的梦想。全面深化改革，就是进一步释放改革红利，具有十分重大的意义。当前，改革正处于爬坡过坎、攻坚转型的关键时期，需要全党不断增强全面深化改革的思想自觉和行动自觉，以更大的政治勇气和政治智慧攻坚克难，努力使全面深化改革在新的征程中取得新的更大突破。

推进要素市场化配置改革，需要坚持开拓创新。深化农村土地制度改革、推动贸易和投资自由化便利化改革、推动资本市场改革等，无一不需要坚持开拓创新精神。唯有以更大力度抓改革、以宽广胸怀促开放，唯有敢啃硬骨头、聚焦重点难点发力，才能在危机中育新机、于变局中开新局，奋力开创发展新境界。

破除体制机制障碍，需要坚持开拓创新。围绕人民群众反映强烈的突出问题，清除各种“肠梗阻”现象，这是深化体制机制改革不可回避的课题，必须坚持开拓创新，敢打硬仗，才能破除积弊，释放发展活力，才能补短板、强弱项、通堵点、补断点，通过改革的力量来激发蛰伏的发展潜能，以公平公正的监管来维护市场竞争，持续打造市场化、法治化的营商环境，为创新创业创造打造更广阔的舞台。

解决新问题、把握新机遇，需要坚持开拓创新。天下之事，非新无以为进。新的机遇和新的挑战往往同时并存，关键看我们如何应对、如何选择。唯有坚持开拓创新，主动作为，拿出勇气和智慧，扎扎实实办好自己的事，才能赢得高质量发展先机。要因时因势谋划新对策，才能破局开路。要打破思维定式、摈弃陈旧观念，以新发展理念为指引，努力创新管理方式和治理手段，才能让新动能加速壮大。

四、赢得战略主动的需要

习近平总书记曾深刻指出：“一个党要立于不败之地，必须立于时代潮头，紧扣新的历史特点，科学谋划全局，牢牢把握战略主动，坚定不移实现我们的战略目标。”① 习近平总书记强调的牢牢把握战略主动的论述，有着深刻的时代内涵和深远的战略考量，如何在艰巨复杂的国际战略较量中牢牢把握战略主动，更好地维护和实现我国利益，是我们必须解决好的紧迫的时代课题。

① 习近平．习近平谈治国理政：第二卷［M］．北京：外文出版社，2017：53.

1. 应对国际战略格局深刻调整的世情

当今世界，各国在政治、经济、军事、科技等领域的竞争更加激烈，西方敌对势力对我国进行西化、分化的图谋一刻也不曾改变，我国国家安全面临的威胁有增无减，我国在维护国家主权、领土完整和发展利益方面的任务十分艰巨繁重。一旦处置不当，极易影响我国经济社会发展，使党和国家事业陷入战略被动。面对国际形势的新特征和新变化，唯有坚持开拓创新，把握战略主动，才能化解战略难局、困局和危局。唯有坚持开拓创新，心怀战略警醒、保持战略定力、拓宽战略视野、加强战略谋划，才能牢牢把握战略主动，成功应对复杂国际形势。

坚持开拓创新，确保政治安全，防控政治风险，才能赢得战略主动。政治安全是根本性安全，它关系到中华民族的前途命运，关系到中国特色社会主义事业的兴衰成败，关系到中国共产党的领导地位和执政安全。习近平总书记指出："中国是一个大国，决不能在根本性问题上出现颠覆性错误，一旦出现就无法挽回、无法弥补。"[①] 确保政治安全，首先是在中国特色社会主义道路问题上，我们要坚持道路自信，勇于探索和创新中国特色社会主义道路，既不能走封闭僵化的老路，也不能走改旗易帜的邪路，任何削弱、歪曲、否定党的领导和我国社会主义制度的言行，都必须旗帜鲜明、理直气壮地予以还击。其次是在中国特色社会主义改革开放的方向问题上，我们一方面要坚持改革开放不动摇，另一方面要对任何否定改革开放和社会主义方向的言行进行坚决斗争，不断拓展改革开放新境界。我们必须不断加强和改善党的领导，如果不加强党的自身建设就有可能

---

① 习近平. 论坚持全面深化改革［M］. 北京：中央文献出版社，2018：22.

出问题甚至出大问题，不改善党的领导就会导致党的事业不能成功，甚至会出现亡党亡国的局面。

坚持开拓创新，确保意识形态安全，防控意识形态风险，才能赢得战略主动。意识形态安全关乎国家政治安全，关系到国家政权的稳定。历史事实一再证明，一个政权的丧失往往是从意识形态领域话语权、管理权、领导权的丧失开始的，一旦意识形态防线被攻破，其他防线就很难守住。党必须牢牢掌握意识形态工作的领导权、管理权、话语权。当今时代，在互联网这个舆论战场上，我们能否打得赢，直接关系到我国意识形态是否安全及政权是否稳定。防控意识形态风险尤其是网络意识形态风险，首先是要创新意识形态工作的领导方式、管理方式和话语表达方式，加大正确舆论引导力度，加快建立网络综合治理体系；其次是要面向未来、着眼于未来，重视对青少年的理想信念教育，通过创新思想政治工作方式，以鲜活的思想政治教育引导广大青少年形成正确的世界观、人生观、价值观，确保广大青少年成为合格的中国特色社会主义事业的建设者和接班人。

坚持开拓创新，确保经济安全，防控经济风险，才能赢得战略主动。当前，我们经济面临的各类风险虽总体可控，但不可预知的因素依然存在。需要确保经济增长、社会就业、物价水平等不出现大的波动，金融领域不出现区域性系统性风险，为此，必须增强忧患意识和创新精神，未雨绸缪，精准研判，妥善处置可能出现的重大风险源；科学平衡好稳增长和防风险的关系，积极把握好改革的节奏和力度；坚持“房住不炒”方针，稳妥去除房地产市场泡沫；切实解决好中小微企业融资难、融资贵的问题，积极化解地方政府债务风险，保持经济运行在合理区间。

坚持开拓创新，确保科技安全，防控科技风险，才能赢得战略主动。新一轮科技革命和产业变革是当代社会面对的不确定性因素，抓住了就是机遇，抓不住就是挑战。关键核心技术是讨不来、买不来的，我国必须及早解决在一些关键技术和设备上受制于人的局面，只有把核心技术牢牢掌握在自己手中，实现科技的自立自强，才能从根本上保障其他领域的安全。为此，必须坚持开拓创新，加强科技创新发展领域的战略研判和前瞻部署，建设一批国家科技创新基地和创新平台，完善产学研协同创新机制。要强化重大科技任务的统筹组织，建设国家战略性科技力量，建设一支规模宏大、富有创新精神、敢于承担风险的创新型科技人才队伍。

坚持开拓创新，确保社会安全，防控社会风险，才能赢得战略主动。为确保人民安居乐业、社会安定有序、国家长治久安，就要坚持开拓创新，深入研究思想文化多元化背景下社会管理规律，不断创新社会治理体系，提升社会治理能力。当前的关键是要努力解决人民群众深层次的利益问题，从源头上预防并减少矛盾，做好矛盾化解及突发事件应急处置工作，不简单依靠打压管控和硬性维稳，而是要重视疏导化解和柔性维稳。同时要坚持常态化减灾和非常态化减灾相统一，努力实现从灾后救助为主向灾前预防为主转变，从应对单一灾种向综合性减灾转变，从减少灾害损失向减轻灾害风险转变，全面提高全社会抵御自然灾害的综合防范能力。

坚持开拓创新，确保外部环境安全，防控外部环境风险，才能赢得战略主动。近年来，在国际社会，一些别有用心的人提出了所谓的"中国威胁论"，给我国外部发展环境带来了极大的风险隐患。习近平总书记曾指出："我们要坚持走和平发展道路，但决不能放弃我们的正当权益，决不能牺牲国家核心利益。任何外国不要指望我们会拿自己的核心利益做交易，不要指望我们会吞下损害我国主权、安全、发展利益的苦果。”① 因此，我们必须坚持开拓创新，为世界谋大同，为人类创未来，努力构建人类命运共同体，积极促进“一带一路”国际合作，加快完善“一带一路”安全保障体系，逐步提高海外安全保障能力和水平，加强我国海外石油、矿产、金融、海运和其他商业利益保护，确保海外重大产业项目和人员机构安全。

2. 适应我国由大变强发展的国情

我国从站起来、富起来到强起来的转变过程中，是矛盾风险的积累期和凸显期，需要在经济体制机制、经济发展体系等方方面面进行符合发展实际的改革和创新，加快形成现代化

① 习近平．坚持和平发展 决不放弃正当权益 牺牲核心利益［N］．人民日报，2013-01-30.

经济体系，才能更好地顺应社会主义现代化发展要求、赢得竞争优势，才能为其他领域的改革发展提供强有力支撑，确保我国社会主义现代化第二个百年战略目标如期实现。否则，就有可能葬送党和国家的伟大事业。

坚持开拓创新，需要把握稳中求进的工作总基调，才能赢得战略主动。把握稳中求进的工作总基调就是在稳的前提下积极开拓创新，尤其是在关键环节和关键领域要创新发展，在把握好度的前提下积极作为。把握稳中求进的工作总基调，就是要着力在巩固“稳”的基础上下大功夫，在积蓄“进”的力量上多出实招高招，务求在经济结构的优化、发展新动能的积聚、节能减排的成效、民生的保障和改善、对外开放的扩大等环节和领域取得创新性进展，不断提高发展质量和效益，积极扩大稳中向好的经济态势。

坚持开拓创新，需要牢固树立和贯彻落实

新发展理念，才能赢得战略主动。在以高质量发展为主题的新发展阶段，创新是引领发展的第一动力，协调是持续健康发展的内在要求，绿色是永续发展的必要条件，开放是国家繁荣发展的必由之路，共享是中国特色社会主义的本质要求，需要我们更加崇尚创新、注重协调、倡导绿色、厚植开放、推进共享。尤其是“创新发展”这个牵动经济社会发展全局的“牛鼻子”，必须牢牢抓住。超前谋划、前瞻部署，不断推进理论创新、制度创新、科技创新、文化创新和其他领域的创新，全面提高自主创新能力，力争实现我国科技自立自强，加快我国科技水平由跟跑向并跑甚至领跑转变，为中国经济高质量发展提供强大的内生发展动力。

坚持开拓创新，需要深入推进供给侧结构性改革，才能赢得战略主动。推进供给侧结构性改革，就是在供给侧发力，以满足市场消费需求为目标，以提高供给质量为主攻方向，以深化经济体制改革为根本途径。从生产端入手，促进低端无效产能有效化解，促进产业结构优化升级，降低企业各种成本，发展战略性新兴产业和现代服务业，增加公共产品和服务供给的质量和水平。推进供给侧结构性改革，必须遵循市场经济规律，深化关键领域和环节的改革，以开拓创新引领实体经济的提质增效，以开拓创新释放国内消费需求潜力，增强内生发展动力。

坚持开拓创新，需要稳定和完善宏观经济调控政策体系，才能赢得战略主动。经济新常态背景下，宏观调控政策手段需要不断创新，政策工具的搭配使用必须不断创新，才能有效达到宏观调控目标。继续实施积极的财政政策和稳健的货币政策，加强产业、区域、投资、消费、价格、土地、环保等各项政策的协调配合。坚持宏观政策要稳、产业政策要准、微观政策要活、改革政策要实、社会政策要托底的基本思路，根据经济形势的变化相机抉择，加强多种政策工具的搭配使用，深化区间调控、定向调控，适时适度地预调微调，综合运用多种工具及时调节市场流动性，积极引导降低融资成本，确保中国经济运行稳中向好、好中求进、进中求优。

3. 面对党的新使命新担当的党情

中国特色社会主义新时代，我们党面临的执政环境发生了许多新变化具有了许多新特点，并且日趋复杂多变，影响党的先进性、弱化党的纯洁性的因素呈现多样化、顽固化特征，党内思想不纯、组织不纯、作风不纯等问题依然突出。在新的历史起点上推进中国特色社会主义伟大事业，党自身面临的风险和挑战同样严峻复杂。一方面，党面临着执政考验、改革开放考验、市场经济考验和外部环境考验，这“四大考验”都具有长期性和复杂性的特点；另一方面，党还面临着精神懈怠危险、能力不足危险、脱离群众危险、消极腐败危险，这“四种危险”都具有尖锐性和严峻性。“四大考验”和“四种危险”既是我们党全面从严治党纵深发展急需破解的难题和痛点，也是新时代党的建设的着力点和关键点。

与此同时，在新的历史征程上，党承担的任务却异常艰巨繁重。为中国人民谋幸福，为中华民族谋复兴，这是中国共产党人的初心和使命。要担当起这个历史使命，党必须团结带领全国人民进行伟大斗争、推进伟大事业、实现伟大梦想，必须实施党的建设伟大工程，毫不动摇坚持和改善党的领导，毫不动摇把党建设得更加坚强有力；全体党员干部务必要登高望远、居安思危，勇于变革、勇于创新，永不僵化、永不停滞，才能夺取新时代中国特色社会主义伟大胜利。

只有勇于开拓创新，坚持党的全面领导，

才能赢得战略主动。中国共产党是中国特色社会主义事业的最高政治领导力量，党政军民学、东西南北中，党是领导一切的。中国特色社会主义最本质的特征是中国共产党的领导，中国特色社会主义制度的最大优势是中国共产党的领导，这是历史逻辑的必然选择，也是时代发展的必然要求。在新的时代条件下，坚持党的全面领导，就是要确保党中央做出的决策部署，各级党组织和广大党员干部都能坚决贯彻落实，始终在政治立场、政治方向、政治原则、政治道路上同党中央保持高度一致，自觉树牢“四个意识”，增强“四个自信”，坚决做到“两个维护”。

只有勇于开拓创新，坚持全面从严治党，才能赢得战略主动。办好中国的事情关键在党，治国必先治党，治党务必从严。坚持全面从严治党的基础在全面，必须覆盖党的建设各个领域、各个方面、各个部门，覆盖全体党员。坚持全面从严治党，必须创新基层党组织和党员队伍的教育管理，把抓基层打基础作为长远之计和固本之策；坚持全面从严治党，必须创新治党理念，要把抓好党建作为最大的政绩，确立“抓好党建是本职，不抓党建是失职，抓不好党建是渎职”的工作理念，各级党委（党组）要确立主责主业意识，严格履行主体责任。坚持全面从严管党治党，必须创新责任落实体系，要把党建工作责任制落实好，建立各级党组织党建工作责任清单制度，实施党建工作考核机制，加大党建工作考核结果运用力度；坚持全面从严管党治党，必须创新考核问责机制，发挥考核的“指挥棒”作用，把党建责任落实情况作为领导班子和领导干部考核的重要内容，对党的领导弱化、党的建设缺失、全面从严治党不力的，严格追究领导责任。

只有勇于开拓创新，坚持以党的政治建设为统领，才能赢得战略主动。加强党的政治建设就是要创新政治生态净化，营造风清气正的政治生态，实现正气充盈、政治清明。加强政治建设，首先是要创新理想信念教育，把理想信念教育作为基础性工程、战略性任务，推动理想信念教育时代化、常态化、制度化。其次是要创新党内政治生活，把政治教育和政治引领作为基础和先导，提高政治免疫力，让广大党员干部能经常自觉接受政治体检，打扫政治灰尘，净化政治灵魂。再次是要根据时代要求，创新党的政治纪律和政治规矩的内容，对新时代的广大党员干部来说，严明党的政治纪律和政治规矩，主要是树牢“四个意识”，坚定“四个自信”，坚决做到“两个维护”，对党忠诚老实，不阳奉阴违，在重大政治原则问题和大是大非问题上自觉同党中央保持高度一致，在工作和生活实践中，不做“两面人”，自觉遵守政治纪律、政治规矩，确保全党统一意志、统一行动、步调一致向前进。最后是要创新基层组织和管理，不断增强基层党组织政治功能和提升基层组织力，为此，需要我们突出政治功能、强化政治引领，提升基层组织力，下大气力解决组织软弱涣散的问题，创新监督考核内容和方式，加大监督考核力度，努力将党的政治优势和组织优势转化为制胜优势。

第一章

百年党史就是一部坚持开拓创新的历史

“坚持开拓创新”是百年来中国共产党团结带领中国人民进行伟大奋斗所积累的一条宝贵历史经验。中国共产党是富有开拓创新精神的伟大政党，开拓创新是我们党开辟伟大道路、创造伟大事业、取得伟大成就的重要精神密码。可以说，一部百年党史就是一部党领导人民开拓创新的历史。

一、不断推进实践基础上的理论创新

建党一百年来,中国共产党团结带领中国人民不断推进中国革命、建设、改革的实践创新，不断推进实践创新基础上的理论创新。百年党史，就是一部不断推进马克思主义中国化的历史，就是一部不断推进理论创新、进行理论创造的历史。习近平总书记深刻指出："我们党之所以能够历经考验磨难无往而不胜，关键就在于不断进行实践创新和理论创新。"一百年来，中国共产党人始终坚持把马克思主义基本原理同中国具体实际相结合、同中华优秀传统文化相结合，不断推进理论创新，实现了马克思主义中国化的伟大飞跃。

1. 在革命和建设实践中创立毛泽东思想

大革命失败后，全国陷入一片白色恐怖之中。面对极其严酷的现实，中国共产党开始了认真的总结和反思，并在艰苦的革命中积极探索新的出路。1927 年八七会议向全党提出了"整顿改编自己的队伍，纠正过去严重的错误，而找到新的道路”[①] 的任务。然而，“新的道路”究竟在哪里，党内并没有形成统一而清醒的认识。从1927年11月至1935年1月，中国共产党内连续出现了以瞿秋白、李立三、王明等为代表的三次“左”倾错误。尤其是王明“左”倾教条主义，不顾中国革命的实际情况，教条化对待马克思主义，鼓吹中国革命以十月革命为蓝本，将苏联的经验照搬到中国。王明的“左”倾教条主义错误给党和革命事业造成了严重危害，党的白区工作损失了近百分之百，苏区工作失掉百分之九十。第五次反“围剿”失败后，中国工农红军主力被迫长征，进行战略大转移。

革命道路的曲折和血的教训告诉我们：中国革命不能照搬马克思主义，而是要将其基本原理同中国实际相结合，创造中国化的马克思

① 中央档案馆. 中共中央文件选集：第三册［M］. 北京：中共中央党校出版社，1989：290.

主义。这其中最杰出的代表就是毛泽东。

在长期的革命斗争中，以毛泽东同志为主要代表的中国共产党人，以极大的理论自觉，把马克思主义基本原理同中国具体实践相结合，推进了党的理论创新，创立了毛泽东思想，实现了马克思主义中国化的第一次历史性飞跃。大革命时期，毛泽东先后发表了《中国社会各阶级的分析》《湖南农民运动考察报告》等著作，指出农民在中国革命中的重要地位和无产阶级领导权的极端重要性，表明毛泽东思想开始萌芽。

在八七会议上，毛泽东总结大革命失败的历史教训，提出了“枪杆子里面出政权”的论断。后来，毛泽东在总结井冈山斗争的经验时也指出：“边界的斗争，完全是军事的斗争，党和群众不得不一齐军事化。怎样对付敌人，怎样作战，成了日常生活的中心问题。所谓割据，必须是武装的。”[①] 同时，毛泽东还对党的工作中心应放在城市还是农村这个问题进行了探索。在率领秋收起义部队上井冈山以后，针对党内一些人关于“红旗到底打得多久”的疑问，毛泽东从中国革命实际出发，深刻论证了红色政权能够长期存在并发展的主客观条件，提出了工农武装割据的思想。1930 年 1 月 5 日，毛泽东在致林彪的信（即《星星之火，可以燎原》一文）中明确指出：“红军、游击队和红色区域的建立和发展，是半殖民地中国在无产阶级领导之下的农民斗争的最高形式和半殖民地农民斗争发展的必然结果，并且无疑义的是促进全国革命高潮的最重要因素”。[②] “这封信总结两年多的革命实践经验，发展了‘工农武装割据’的思想，基本上形成了农村包围城市、武装夺

① 毛泽东. 毛泽东选集：第一卷［M］. 北京：人民出版社，1991：63.

② 毛泽东. 毛泽东选集：第一卷［M］. 北京：人民出版社，1991：98.

取政权的理论”①，这标志着毛泽东思想开始形成。对怎样坚持马克思主义这一重大问题，毛泽东也进行了深刻剖析，1930 年 5 月毛泽东在《反对本本主义》一文中就明确提出：“我们的斗争需要马克思主义……马克思主义的‘本本’是要学习的，但是必须同我国的实际情况相结合。我们需要‘本本’，但是一定要纠正脱离实际情况的本本主义。”② 这一论断揭示了马克思主义中国化的核心要义。

在抗日战争时期，毛泽东和党中央将农村包围城市、武装夺取政权的理论运用到抗日战争的实践中，派遣党指挥的抗日武装深入敌后，建立敌后根据地，开展独立自主的游击战争，发挥出重要的战略作用。1938 年 9 月 26 日至

---

① 中央文献研究室. 毛泽东年谱（1893—1949）：上卷［M］. 北京：人民出版社，1993：295.

② 毛泽东. 毛泽东选集：第一卷［M］. 北京：人民出版社，1991：111-112.

11 月6 日，党的六届六中全会在延安召开，这次会议正确地分析了抗日战争的形势，规定了党在抗战新阶段的任务，同时基本纠正了王明的右倾错误，进一步巩固了毛泽东在全党的领导地位。在这次会议上，毛泽东明确提出了“马克思主义中国化”的命题，这一命题的提出，确立了运用马克思主义指导中国革命的最基本的原则。这个原则的提出，对中国共产党人来说，是一次大的思想解放，更是一次重大的理论创新，为马克思主义在中国的发展开辟了正确道路。

遵义会议后，毛泽东在理论上系统总结了党领导中国革命的实践经验，创作了《矛盾论》《实践论》《论持久战》《整顿党的作风》《论联合政府》等一系列著作，逐渐形成了比较系统的哲学思想、军事思想、统一战线思想和党的建设思想，科学地阐释了中国新民主主义革命的理论、路线和纲领，精辟地论证了党的政策和策略。这标志着毛泽东思想正在走向成熟。1945 年党的七大，毛泽东思想被确立为党的指导思想并写入党章。

解放战争时期和新中国成立以后，毛泽东提出要把马克思列宁主义的基本原理同中国革命和建设的具体实际进行“第二次结合，找出在中国怎样建设社会主义的道路”①，并进一步提出了人民民主专政理论、社会主义革命和建设理论、十大关系理论，创立了社会主义基本矛盾和人民内部矛盾学说，这些独创性的理论成果丰富和发展了毛泽东思想，为马克思主义中国化的新飞跃作了理论准备。

2. 在改革开放和社会主义现代化建设实践中形成中国特色社会主义理论体系

“文化大革命”结束以后，由于长期存在的

---

① 中共中央文献研究室. 毛泽东传（1949—1976）：上卷［M］. 北京：中央文献出版社，2003：506.

极“左”路线的影响，和“两个凡是”的思想禁锢，不少人的思想仍旧处于僵化状态，寻求发展出路遭遇重大障碍。显然，中国共产党领导全国人民开拓新局面所要解决的首要问题，就是重新确立马克思主义的思想路线。1977 年 4 月 10 日，尚未恢复工作的邓小平致信华国锋、叶剑英和中共中央，针对“两个凡是”的错误观点，指出：“我们必须世世代代地用准确的完整的毛泽东思想来指导我们全党、全军和全国人民，把党和社会主义的事业，把国际共产主义运动的事业，胜利地推向前进。”① 1978 年 5 月，在邓小平等一批老同志的支持下，以《实践是检验真理的唯一标准》一文的发表为开端，一场关于真理标准问题的大讨论在全国展开。这场讨论是继延安整风运动之后又一次马克思主义思想解放运动，为党的十一届三中全会重

---

① 中共中央文献研究室. 邓小平年谱：第四卷［M］. 北京：中央文献出版社，2020：157.

新确立“实事求是，一切从实际出发，理论联系实际，坚持实践是检验真理的标准”① 的思想路线、实现改革开放的伟大历史转折奠定了思想理论基础。在改革开放和社会主义现代化建设新时期，许多新经验和新事物不断出现，以邓小平同志为主要代表的中国共产党人，结合新的实践，围绕什么是社会主义、怎样建设社会主义这一根本问题，创立了邓小平理论。1982 年，邓小平在党的十二大上强调“我们的现代化建设，必须从中国的实际出发。无论是革命还是建设，都要注意学习和借鉴外国经验。但是，照抄照搬别国经验、别国模式，从来不能得到成功。这方面我们有过不少教训。把马克思主义的普遍真理同我国的具体实际结合起来，走自己的道路，建设有中国特色的社会主

---

① 邓小平. 邓小平文选：第二卷 [M]. 北京：人民出版社，1994：278.

义，这就是我们总结长期历史经验得出的基本结论”①。“建设有中国特色的社会主义”这一重大论断的提出，标志着中国特色社会主义道路开始形成。

邓小平理论坚持解放思想、实事求是，在新的实践基础上继承前人又突破陈规，开拓了马克思主义的新境界，科学回答了什么是社会主义、怎样建设社会主义这一根本问题。要搞清楚“什么是社会主义”，首先要搞清楚什么是“社会主义本质”。在科学社会主义发展史上，邓小平首次提出了“社会主义本质”的概念，这本身就是重大的理论创新。对于这个问题的回答，是在不断地探索当中形成的，1980 年 5 月5 日，邓小平在会见几内亚人民革命共和国总统杜尔时把社会主义与发展生产力直接联系

① 中共中央文献研究室. 邓小平年谱：第五卷［M］. 北京：中央文献出版社，2020：142.

起来，指出："讲社会主义，首先就要使生产力发展，这是主要的。"[①] 此后，邓小平多次谈到发展生产力是社会主义本质中居第一位的根本表现。1985 年 5 月，邓小平开始强调消灭剥削、消除两极分化及实现共同富裕，并把它们视为社会主义的"特点"。"社会主义与资本主义不同的特点就是共同富裕，不搞两极分化。创造的财富，第一归国家，第二归人民，不会产生新的资产阶级。"[②] 1986 年 9 月，邓小平又把发展生产力与共同富裕直接联系起来，并称其为社会主义原则。他指出："社会主义原则，第一是发展生产，第二是共同致富。"为了发展生产，必须反对过去的平均主义的做法，"允许一部分人先好起来，一部分地区先好起来，目的

---

① 邓小平. 邓小平文选：第二卷［M］. 北京：人民出版社，1994：314.

② 邓小平. 邓小平文选：第三卷［M］. 北京：人民出版社，1993：123.

是更快地实现共同富裕”①。邓小平在总结国际共产主义运动的教训和中国改革开放实践经验的基础上，在理论上形成了对社会主义本质的完整的科学认识，他在 1992 年初的南方谈话中，明确将社会主义本质概括为：“解放生产力，发展生产力，消灭剥削，消除两极分化，最终达到共同富裕。”② 社会主义本质论的提出，突破了传统社会主义观念，是马克思主义与中国具体实际结合的重大理论创新成果。在“怎样建设社会主义”这个重大问题上，以邓小平同志为主要代表的中国共产党人，提出社会主义市场经济理论，实现了又一个重大理论创新。把社会主义同市场经济结合起来，是我们党的一个伟大创举。把建立社会主义市场经济

---

① 邓小平. 邓小平文选：第三卷［M］. 北京：人民出版社，1993：172.

② 邓小平. 邓小平文选：第三卷［M］. 北京：人民出版社，1993：373.

体制作为经济改革的目标，是社会主义发展史和经济发展史上的一个伟大创举。“二战”后的一段时期，由于资本主义和社会主义两大阵营的严重对立，市场经济和计划经济，资本主义和社会主义，成了两组截然对立的概念。市场经济就意味着资本主义，社会主义只能是计划经济，这似乎是天经地义的。“计划经济是社会主义的本质特征之一”甚至被写进了教科书，并被奉为不可动摇的根本。基于对时代潮流的深刻洞察和对我国自身经济建设实践的深刻总结，1979 年 11 月，邓小平在会见加拿大麦吉尔大学东亚研究所主任林达光教授时就指出：“说市场经济只存在于资本主义社会，只有资本主义的市场经济，这肯定是不正确的。社会主义为什么不可以搞市场经济，这个不能说是资本主义。我们是计划经济为主，也结合市场经济，但这是社会主义的市场经济。”[①] 根据这一精神，党的十二大报告提出了“计划经济为主，市场经济为辅”的原则。随后党的十二届三中全会通过了《中共中央关于经济体制改革的决定》，进一步提出社会主义经济是“公有制基础上的有计划的商品经济”，这就突破了将计划经济与市场经济对立的传统观念。邓小平高度评价这个决定，称其为“马克思主义基本原理和中国社会主义实践相结合的政治经济学”[②]。1989 年，有人认为中国的经济改革出现了方向性错误，甚至把计划和市场的争论与要不要社会主义基本制度联系起来，提出了市场经济姓“社”还是姓“资”的问题。针对这个问题，邓小平在多个场合尤其是在南方谈话中，反复重申社会主义需要市场经济的观点，他说：“我

---

① 邓小平．邓小平文选：第二卷［M］．北京：人民出版社，1994：236．

② 邓小平．邓小平文选：第三卷［M］．北京：人民出版社，1993：91．

们必须从理论上搞懂，资本主义与社会主义的区分不在于是计划还是市场这样的问题。”①“不要以为，一说计划经济就是社会主义，一说市场经济就是资本主义，不是那么回事，两者都是手段，市场也可以为社会主义服务。”② 邓小平这些关于计划经济和市场经济的论述，奠定了社会主义市场经济的理论基础，是马克思主义政治经济学的新发展，在经济学领域具有划时代的革命性意义。随后，党的十四大正式确立了我国经济体制改革的目标是“建立社会主义市场经济体制”，从而解决了关系“怎样建设社会主义”全局的重大问题。党的十四大还对改革开放以来邓小平提出的一系列富有创造性的思想进行了概括，把它称为“邓小平同志建设有中国特色社会主义理论”。1997 年，党

---

① 邓小平. 邓小平文选：第三卷［M］. 北京：人民出版社，1993：364.

② 邓小平. 邓小平文选：第三卷［M］. 北京：人民出版社，1993：367.

的十五大正式提出“邓小平理论”的科学概念，并作为党的指导思想写入党章。

2000 年 2 月，江泽民在广东考察工作时指出：“我们党所以赢得人民的拥护，是因为我们党在革命、建设、改革的各个历史时期，总是代表着中国先进生产力的发展要求，代表着中国先进文化的前进方向，代表着中国最广大人民的根本利益，并通过制定正确的路线方针政策，为实现国家和人民的根本利益而不懈奋斗。”① “三个代表”重要思想的提出，与世情、国情、党情的深刻变化紧密相关。从世情来看，冷战结束后，国际局势发生深刻变化，世界多极化和经济全球化的趋势在曲折中发展。和平与发展仍然是时代主题，但霸权主义和强权政治有新的表现，恐怖主义危害上升，一些地区的冲突和争端此起彼伏，世界还很不安宁。科

① 江泽民. 江泽民文选：第三卷［M］. 北京：人民出版社，2006：2.

技进步日新月异，以信息技术为核心的高新技术的发展，极大地改变了人们的生产生活方式和国际经济政治关系。以经济为基础、科技为先导的综合国力竞争更为激烈。世界大势的发展变化，对中国共产党如何永葆先进性和不断巩固执政地位提出了新的考验。从国情来看，随着改革开放和社会主义市场经济的发展，社会经济成分、组织形式、就业方式、利益关系和分配方式日益多样化，这一方面给我们的经济社会发展增添了活力，另一方面也对我们党保持先进性、不断提高领导水平和执政水平带来了新情况新问题。从党情来看，经过近 80 年的发展，我们党面临的环境、所处的地位、担负的责任都发生了深刻变化，已经从一个领导人民为夺取全国政权而奋斗的党，转变为了领导人民掌握着全国政权并长期执政的党；已经从一个受到外部封锁和实行计划经济条件下领导国家建设的党，转变为了对外开放和发展社会主义市场经济条件下领导国家建设的党。因此，我们党面临着执政和改革开放两大考验。党的建设要解决提高党的领导水平与执政水平以及提高拒腐防变与抵御风险的能力两大历史性课题，必须在始终坚持先进性和提高执政能力上下功夫。“三个代表”重要思想加深了对什么是社会主义、怎样建设社会主义和建设什么样的党、怎样建设党的认识，丰富了中国特色社会主义理论体系。

进入新世纪以后，我国经济社会发展出现了一些新的阶段性特征，比如：生产力水平总体上还不高，自主创新能力还不强；收入分配差距、城乡差距、区域发展差距仍然较大；就业和社会保障压力还很大；生态环境、自然环境和经济社会发展矛盾日益突出；等等。这些阶段性特征表明，我国已经进入发展的关键时期、改革攻坚时期和社会矛盾频发时期，如何解决这些突出矛盾和问题，保持我国发展的良好态势，是我们党必须面对的重大考验。为了抓住战略机遇，应对国内外形势的新变化，以胡锦涛同志为主要代表的中国共产党人，认真研究和回答了我国社会主义经济建设、政治建设、文化建设、社会建设和党的建设面临的一系列重大问题，不断总结实践经验，不断做出理论概括，形成了以人为本、全面协调可持续的科学发展观，赋予马克思主义新的时代内涵，进一步丰富了中国特色社会主义理论体系。

3. 在新的伟大实践中创立习近平新时代中国特色社会主义思想

党的十八大以来，中国特色社会主义进入新时代，这是我国发展新的历史方位。世界正经历百年未有之大变局，和平与发展仍然是时代主题，但却呈现出许多新的特征。我国正处于实现中华民族伟大复兴的关键时期，我国的经济实力、科技实力、国防实力、综合国力进入世界前列；党的面貌、国家的面貌、人民的面貌、军队的面貌、中华民族的面貌发生了前所未有的变化。新的历史方位决定了新的主要矛盾、新的历史使命，需要用新的理论指导新的实践。以习近平同志为主要代表的中国共产党人，坚持把马克思主义基本原理同中国具体实际相结合、同中华优秀传统文化相结合，坚持毛泽东思想、邓小平理论、“三个代表”重要思想、科学发展观，深刻总结并充分运用党成立以来的历史经验，从新的实际出发，创立了习近平新时代中国特色社会主义思想，实现了马克思主义中国化新的飞跃。

新时代之“新”，在于我们进入了一个新的发展阶段，发展环境、发展条件都发生了新的变化，改革开放 40 多年来，我国社会生产力水平显著提高，2010 年以来，中国经济总量一直稳居世界第二位，基础设施建设部分领域遥遥领先，高铁运营总里程、高速公路总里程和港口吞吐量均居世界第一位，主要工农业产品生产能力稳居世界第一位。这说明，我国已经从“未发展起来”时期进入了“发展起来以后”时期，我国长期处于短缺经济和供给不足的状况已经发生根本性转变，社会主要矛盾的主要方面“落后的社会生产”已经不符合实际。因此，新时代之“新”，还在于我们面临着新的社会主要矛盾，即“人民日益增长的美好生活需要和不平衡不充分的发展之间的矛盾”，矛盾的主要方面是“不平衡不充分的发展”。发展的不平衡不充分，影响和制约了人民群众多样化多层次的美好生活的需要。比如，我国城乡之间、区域之间、群体之间、总量创新之间，发展水平差距仍然较大，这些不平衡不充分的问题相互掣肘，带来了很多新的社会矛盾和问题，对党和国家各方面工作都提出了新的要求。新时代之“新”，还在于我们迈向新的奋斗目标，中华民族迎来了从站起来、富起来到强起来的伟大飞跃，我们比历史上任何时期都更接近、更有信心和能力实现中华民族伟大复兴的目标。习近平新时代中国特色社会主义思想正是在这样的伟大时代中应势而生、在当代中国的新实践新发展中顺势而成的。

习近平新时代中国特色社会主义思想，就新时代坚持和发展什么样的中国特色社会主义、怎样坚持和发展中国特色社会主义，建设什么样的社会主义现代化强国、怎样建设社会主义现代化强国，建设什么样的长期执政的马克思主义政党、怎样建设长期执政的马克思主义政党等重大时代课题，提出一系列原创性的治国理政新理念新思想新战略，出台一系列重大方针政策，推出一系列重大举措重大工作，解决了许多长期想解决而没有解决的难题，办成了许多过去想办而没有办成的大事，推动党和国家事业取得了历史性成就、发生了历史性变革。比如，创造性提出了党的领导是中国特色社会主义最本质特征和最大制度优势，使党的全面领导大大加强；创造性提出全面从严治党，实现党的革命性锻造；创造性提出新发展理念，推进供给侧结构性改革，使我国经济在世界经济普遍低迷的情况下保持了稳定增长；创造性提出让市场在资源配置中起决定性作用，更好发挥政府作用，使社会主义市场经济体制更加完善；创造性提出推进国家治理体系和治理能力现代化，全面深化改革“四梁八柱”搭建完成；创造性提出“一带一路”倡议，开辟对外开放新格局；创造性提出区域协调发展战略，京津冀协同发展、长江经济带建设取得实质性进展；创造性提出精准扶贫脱贫，脱贫攻坚战取得全面胜利；创造性提出牢牢掌握意识形态工作的领导权管理权话语权，意识形态领域一度被动的局面得到根本扭转；创造性提出“绿水青山就是金山银山”的理念，生态文明建设成效卓著；创造性提出党在新形势下的强军目标和战略方针，人民军队实现革命性重塑；创造性提出推动构建新型国际关系、人类命运共同体，中国日益走近世界舞台中央；等等。取得这些历史性成就和变革，根本在于以习近平同志为核心的党中央的坚强领导，在于习近平新时代中国特色社会主义思想的科学指导。

二、不断推进守正基础上的制度创新

习近平总书记特别重视守正创新，他指出："中华民族是守正创新的民族"① "有着守正创新的传统"。② "守正"即坚守正道。习近平总书记指出："要坚守正道、追求真理，立足我国

① 李伟红. 习近平同希腊总统帕夫洛普洛斯会谈［N］. 人民日报，2019-05-15（1）.

② 王远. 习近平会见新加坡总统哈莉玛［N］. 人民日报，2019-05-15（2）.

国情，放眼观察世界，不妄自菲薄，不人云亦云。”[①] 早在1989年6月，邓小平就强调：“是否坚持社会主义道路和党的领导是个要害。”[②] 习近平总书记在谈到社会主义市场经济改革的方向时也强调指出：“我们是在中国共产党领导和社会主义制度的大前提下发展市场经济，什么时候都不能忘了‘社会主义’这个定语。”[③] 可见，社会主义道路和党的领导就是我们要坚守的正道。“守正”与“创新”是辩证统一的关系，只有坚持守正，创新才有牢固的基础、明确的方向；只有不断创新，守正才能获得不竭的活力源泉。建党一百年来，中国共产党团结带领中国人民，坚持正确的制度创新方向，

---

① 习近平．在知识分子、劳动模范、青年代表座谈会上的讲话［N］．人民日报，2016-04-30（2）．

② 中共中央文献研究室．邓小平年谱：第五卷［M］．北京：中央文献出版社，2020：579．

③ 习近平．论坚持全面深化改革［M］．北京：中央文献出版社，2018：190．

把马克思主义和中国实际相结合，取得了经济、政治等领域制度创新的丰硕成果，彰显了社会主义制度的优越性。

1. 社会主义经济制度的探索与创新

马克思主义认为，经济制度是一定社会生产关系的总和或经济关系的制度化。所有制是社会经济制度的核心和基础，决定着社会经济制度的性质。建党一百年来，我国社会主义经济制度的创新和演变有一条清晰的主线，就是所有制结构的调整和变革。

新民主主义革命时期，为了争取更多农民参加革命，中国共产党在大革命失败后，就开始在农村地区实行土地制度改革，废除了地主土地所有制，实现了“耕者有其田”的梦想。在长期的革命实践中，中国共产党积累了许多经济制度方面的经验，并在此基础上，提出了一些创造性的政策设想和制度安排。比如，毛泽东创造性地提出了发展根据地对外经济贸易、号召民族资本家到根据地投资设厂以及“中国型的资本主义”等经济思想。在《中国革命和中国共产党》和《论联合政府》两篇著作中，毛泽东对“经济落后”的基本国情做出初步判断，承认多种经济成分并存的必要性，允许特定条件下和特定时期内资本主义生产方式“相当程度的发展”。在党的七届二中全会上，毛泽东还阐述了对私人资本主义采取“利用”并加以“限制”的政策。

新中国成立初期，中国共产党接手的是一个一穷二白、满目疮痍的“烂摊子”，经过三年的努力，到 1952 年 10 月，我国经济关系发生了三大变化：一是恢复国民经济的任务提前完成，1952 年主要工农业产品的产量超过了新中国成立前的最高水平，工农业总产值比新中国成立前的最高水平增长了 20%；二是农村生产关系经过土改运动后发生了深刻变革，农村互助合作普遍发展起来；三是经过三年的经济恢复，公私经济的比重发生了根本性变化，以工业为例，国营工业从 1949 年的 34.2% 上升到 1952 年的 52.8%，私营工业从 1949 年的 63.3% 下降到 1952 年的 39%。国营经济在整个国民经济中逐渐占据了主导地位，于是，在 1953 年的全国财经会议上，形成了对过渡时期总路线的完整表述，并写入了党的文件，过渡时期总路线成为党的共识。党在过渡时期的总路线，简单来说，就是“一化三改”。“一化”即实现工业化；“三改”即实现对农业、手工业和资本主义工商业的社会主义改造。1956 年底，我国对农业、手工业和资本主义工商业的社会主义改造基本完成，标志着社会主义基本制度在我国初步确立。三大改造完成后，我国形成了国营经济占绝对主导地位的单一公有制的经济制度格局，中国几千年来以生产资料私有制为基础的阶级剥削制度已经基本上被消灭，以生产资料公有制为基础的社会主义基本经济制度已经建立起来。鉴于当时国内经济形势存在一些问题，1956 年毛泽东在同工商业人士谈话中提出可以“消灭资本主义，又搞资本主义”的思路，给予“地下工厂”和“夫妻店”一定的存在空间，并以此作为国营经济的必要补充。

“文化大革命”结束以后，大批返城知青和落实政策后的各阶层就业问题尤为突出，加上农村改革以后也释放出来大批剩余劳动力，几个方面的压力汇聚在一起，就业形势非常严峻。这就逼迫中国以更灵活的方式组织经济发展，于是在单一公有制经济下出现了野草般顽强成长的“个体户”，一些个体户取得成功后，想要进一步扩大规模，结果就超出了当时规定的雇员 7 个人的限制，朝着雇工更多的私营企业方向演变。对于雇工是不是资本主义剥削的问题，邓小平的意见是“放两年再看”[①]，“犯不着在这个问题上表现我们在‘动’，可以再看几年”[②]。而不“动”和“再看”的结果，就是允许雇工是经济发展的必然趋势。1987年10月，党的十三大报告指出：“社会主义初级阶段的所有制结构应以公有制为主体。目前全民所有制以外的其他经济成分，不是发展得太多了，而是还很不够。对于城乡合作经济、个体经济和私营经济，都要继续鼓励它们发展。”[③] 1988年4月，第七届全国人民代表大会第一次会议通过的《中华人民共和国宪法修正案》规定：“私营经济是社会主义公有制经济的补充。国家保护私营经济的合法的权利和利益，对私营经

---

① 中共中央文献研究室. 邓小平年谱：第五卷［M］. 北京：中央文献出版社，2020：306.

② 中共中央文献研究室. 邓小平年谱：第五卷［M］. 北京：中央文献出版社，2020：476.

③ 中共中央文献研究室. 十二大以来重要文献选编：下［M］. 北京：人民出版社，1988：1237.

济实行引导、监督和管理。”[①] 从此，私营企业在中国可以名正言顺地发展了。

1979 年中国的对外开放也迈出了具有决定性意义的一步。1979 年 4 月，中央召开工作会议，专门讨论经济建设问题。这次会议确定在对外经济活动中授权广东和福建两省实行“特殊政策、灵活措施”。1980 年 5 月，党中央、国务院正式决定将“出口特区”定名为“经济特区”。同年 8 月，五届全国人大常委会第十五次会议批准广东、福建两省在深圳、珠海、汕头、厦门设置经济特区。[②] 1981 年 5—6 月，《广东、福建两省和经济特区工作会议纪要》为特区建设提出了一系列政策性意见，指出：特区经济的所有制结构，为社会主义经济领导下的多种

① 中共中央文献研究室. 十三大以来重要文献选编：上［M］. 北京：人民出版社，1991：216.

② 本书编写组. 中国共产党简史［M］. 北京：人民出版社，中共党史出版社，2021：237.

经济成分并存。

与此同时，随着农村家庭联产承包责任制的成功，很多农民从土地的束缚中解放出来，大量闲散人口开始离开土地，他们自然而然地进入工业制造领域寻找生存的机会，这群人的出现直接诱发了乡镇企业的“异军突起”。

个体私营经济的发展、外资经济的进入和乡镇企业的出现，使我国经济的微观主体发生了改变，从而推进了我国所有制结构的调整和改革，同时也构建起了社会主义市场经济发展的基础。这一时期我国实际上已经形成了公有制为主体，多种所有制和多种经营方式并存的格局，这个格局不是谁设计出来的，而是我们在解决实际问题的过程中逐渐形成的。随着所有制结构的变迁，我国经济制度也随之调整和完善。1992 年党的十四大明确指出：“我们要建立的社会主义市场经济体制，就是要使市场在社会主义国家宏观调控下对资源配置起基础性作用，使经济活动遵循价值规律的要求，适应供求关系的变化。”1997年党的十五大进一步明确：“公有制为主体，多种所有制经济共同发展，是我国社会主义初级阶段的一项基本经济制度。”

党的十八大以来，以习近平同志为核心的党中央着力“开拓当代马克思主义政治经济学新境界”，在巩固和发展公有制经济、发展混合所有制经济、支持民营经济健康发展、健全按劳分配和按要素分配机制、发挥市场在资源配置中的决定性作用等方面，取得了一系列新的重要理论和实践成果。在国家治理体系和治理能力现代化的整体框架内，对我国社会主义基本经济制度进行了更加科学完备的理论概括。2019年党的十九届四中全会提出以公有制为主体、多种所有制经济共同发展，以按劳分配为主体、多种分配方式并存，社会主义市场经济体制“三位一体”的基本经济制度。这三项基本经济制度成为新时代我国构建更加有效管用、逻辑贯通、衔接匹配的经济制度体系和推动经济高质量发展的根本遵循，具有重要指导意义。

2. 社会主义政治制度的开拓与完善

政治制度一般是指国家政权的组织形式及其制度体系。当代中国的政治制度主要包括作为根本政治制度的人民代表大会制度，以及作为基本政治制度的中国共产党领导的多党合作和政治协商制度、民族区域自治制度和基层群众自治制度。[①] 这些政治制度的建立和完善也是中国共产党和中国人民上下求索、奋力开拓的结果。下面就以我国的根本政治制度——人民代表大会制度的探索过程为例来加以说明。

众所周知，中国共产党的成立与革命深受

---

① 陈文，陈科霖. 当代中国政治制度研究 70 年的进路与逻辑［J］. 政治学研究，2019（6）：27.

俄国十月革命的影响，因此苏俄在革命中创立的苏维埃政权制度也给中国共产党以重大影响。1921 年 7 月中国共产党成立并通过的第一个党纲中，明确提出："本党承认苏维埃管理制度，把工人、农民和士兵组织起来。"[①] 1927 年国共第一次合作破裂后，中国共产党开辟了一条农村包围城市、武装夺取政权的革命道路。到 1930 年 6 月，中国共产党先后建立了 10 多个革命根据地，分布于江西、湖南、福建等 10 多个省 300 多个县的广大地区，人口达 1000 万。在这些地方先后建立的乡、区、县的苏维埃政权，受到了广大工农群众的拥护。1931 年 11 月 7 日，中华苏维埃第一次全国代表大会在江西瑞金召开。大会通过了《中华苏维埃共和国宪法大纲》，明确规定："中国苏维埃政权所建设的是工人和农民的民主专政的国家。"苏维埃全部

① 中央档案馆. 中共中央文件选集：第一册［M］. 北京：中共中央党校出版社，1982：5.

政权是属于工人、农民、红军兵士及一切劳苦民众的。在苏维埃政权领域内的工人、农民、红军兵士及一切劳苦民众和他们的家属，不分男女和宗教信仰，在苏维埃法律面前一律平等。还规定“中华苏维埃共和国之最高政权为全国工农兵会议（苏维埃）的大会”。[①] 大会宣告中华苏维埃共和国成立。随后选举毛泽东为中央执行委员会主席和人民委员会主席。毛泽东对中央苏区政权建设十分重视。他要求：“政府工作人员由选举而任职，不胜任的由公意而撤换，一切问题的讨论解决根据于民意。”他认为苏维埃“与民众的关系必须保持最高程度的密切，然后才能发挥它的作用”。后来由于第五次反“围剿”的失败，红军被迫长征，中央苏区和南方其他苏区相继丧失。长征到达陕北后，陕甘宁边区便成为中华苏维埃共和国的中心区域。

① 中央档案馆. 中共中央文件选集：第七册［M］. 北京：中共中央党校出版社，1983：464-465.

后来为了适应抗日战争的需要，中国共产党人继续对政权组织形式进行了探索，“这种政权，是一切赞成抗日又赞成民主的人们的政权，是几个革命阶级联合起来对于汉奸和反动派的民主专政。它是和地主资产阶级的反革命专政区别的，也和土地革命时期的工农民主专政有区别”①，并在边区实行参议会制度。参议会不仅是一个民意机关、咨询机关、议政机关，而且还是边区、县、乡中最高的立法机关、权力机关、监督机关。徐特立指出：“历史上的议会只是一个言论机关……我们的参议会由人民选举，还由人民撤换，参议会成为真正人民的代表。”② 在总结这一时期政权建设经验的基础上，中国共产党人提出了建立人民代表大会制度的初步构想。

---

① 毛泽东. 毛泽东选集：第二卷［M］. 北京：人民出版社，1991：741.

② 徐特立. 边区参议会应有的任务［N］. 解放日报，1941-11-01.

1940年1月，毛泽东在《新民主主义论》中论述了“国体”和“政体”问题。“国体”问题，“就是社会各阶级在国家中的地位”，“一切革命的阶级对于反革命汉奸们的专政，这就是我们现在所要的国家”。“政体”问题，“中国现在可以采取全国人民代表大会、省人民代表大会、县人民代表大会、区人民代表大会直到乡人民代表大会的系统，并由各级代表大会选举政府”。[①] 在抗战胜利前夕的1944年底，陕甘宁边区参议会副议长谢觉哉建议将边区参议会改为人民代表会议。1944年12月1日，毛泽东致信谢觉哉道：“关于参议会改为人民代表大会，我想对内外都是会有好影响的，请你和其他同志商量一下。”[②] 1945年4月毛泽东在《论联合政府》一文中再次确认：“新民主主义

---

① 毛泽东. 毛泽东选集：第二卷［M］. 北京：人民出版社，1991：676-677.

② 毛泽东. 毛泽东书信选集［M］. 北京：人民出版社，1983：248.

的政权组织，应该采取民主集中制，由各级人民代表大会决定大政方针，选举政府。它是民主的，又是集中的，就是说，在民主基础上的集中，在集中指导下的民主。只有这个制度，才既能表现广泛的民主，使各级人民代表大会有高度的权力；又能集中处理国事，使各级政府能集中地处理被各级人民代表大会所委托的一切事务，并保障人民的一切必要的民主活动。”① 1946 年 4 月，陕甘宁边区第三届参议会第一次大会通过的《陕甘宁边区宪法原则》规定：“边区、县、乡人民代表会议（参议会）为人民管理政权机关”“人民普遍直接平等无记名选举各级代表，各级代表会选举政府人员”“各级政府对各级代表会负责，各级代表对选举人负责”。这就以立法的形式确立了人民代表会议制度。随着解放战争的顺利进行，为了迎接

① 毛泽东. 毛泽东选集：第三卷［M］. 北京：人民出版社，1991：1057.

新政权的诞生，1948 年 1 月，毛泽东在谈到党的政策中的重要问题时指出："在将来，革命在全国胜利之后，中央和地方各级政府，都应当由各级人民代表大会选举。"① 1948 年 9 月，毛泽东专门阐述了建立人民代表大会制度问题，并批评了过去照搬苏联的做法，他说："我们政权的制度是采取议会制呢，还是采取民主集中制？过去我们叫苏维埃代表大会制度，苏维埃就是代表会议，我们又叫'苏维埃'，又叫'代表大会'，'苏维埃代表大会'就成了'代表大会代表大会'。这是死搬外国名词。现在我们就用'人民代表会议'这一名词。"② 1949 年 3 月，毛泽东在七届二中全会上作总结时，再次把人民代表会议制和资产阶级议会制进行对比，指出资产阶级议会制不适合中国国情，这

---

① 毛泽东. 毛泽东选集：第四卷［M］. 北京：人民出版社，1991：1273.

② 毛泽东. 毛泽东选集：第五卷［M］. 北京：人民出版社，1996：136.

已为辛亥革命后资产阶级议会制破产的历史所证明。6 月 30 日，毛泽东在《论人民民主专政》一文中对“人民”进行了界定，对即将诞生的新中国的国体和政体进行了再论述，“人民是什么？在中国，在现阶段，是工人阶级，农民阶级，城市小资产阶级和民族资产阶级。这些阶级在工人阶级和共产党领导之下，团结起来，组成自己的国家，选举自己的政府”。毛泽东指出：“对人民内部的民主方面和对反动派的专政方面，互相结合起来，就是人民民主专政。”“总结我们的经验，集中到一点，就是工人阶级（经过共产党）领导的以工农联盟为基础的人民民主专政。”① 9 月 21 日至 30 日，在中国人民政治协商会议第一次全体会议通过的具有临时宪法作用的《中国人民政治协商会议共同纲领》中规定：“中华人民共和国的国家

① 毛泽东. 毛泽东选集：第四卷［M］. 北京：人民出版社，1991：1475，1480.

政权属于人民。人民行使国家政权的机关是各级人民代表大会和各级人民政府。各级人民代表大会由人民用普选方法产生之。”“国家最高政权机关为全国人民代表大会。”这就确立了人民代表大会制度在中国的政治和法律地位。1954 年 9 月 20 日，第一届全国人民代表大会第一次会议全票通过的《中华人民共和国宪法》，明确规定了我国人民民主专政的国体和人民代表大会的政体。由此，人民代表大会制度作为中国的根本政治制度以根本法的形式正式确立。

党的十八大以来，以习近平同志为核心的党中央统筹中华民族伟大复兴战略全局和世界百年未有之大变局，从坚持和完善党的领导、巩固中国特色社会主义制度的战略全局出发，继续推进人民代表大会制度理论和实践创新，提出了一系列新理念新思想新要求。强调必须坚持中国共产党领导，必须坚持用制度体系保障人民当家作主，必须全面依法治国，必须坚持民主集中制，必须坚持中国特色社会主义政治发展道路，必须坚持国家治理体系和治理能力现代化。

三、不断推进传承基础上的文化创新

中华优秀传统文化,是中华民族的根和魂。它为中华民族克服困难、生生不息提供了强大的精神支撑，亦为中国共产党治国理政提供了历史镜鉴。建党一百年来，中国共产党在传承中华优秀文化基础上，不断推进文化创新，走出了中国特色社会主义文化发展道路，增强了全党全国各族人民的文化自信，提升了全社会的凝聚力和向心力。

1. 推进文化创新的成功密码

《中共中央关于党的百年奋斗重大成就和历

史经验的决议》中指出："坚持把马克思主义基本原理同中国具体实际相结合、同中华优秀传统文化相结合。"这是中国共产党推进文化创新的成功密码，也是马克思主义能够根植于中国土壤，为中国人民所接受的重要原因。中国共产党从成立之日起，既是坚定的马克思主义者，又是中华优秀传统文化的忠实传承者和弘扬者。

新民主主义革命时期，以陈独秀、李大钊、瞿秋白、毛泽东等为代表的马克思主义者们，在独具中国特色的新民主主义革命实践中开拓创新，将马克思主义理论同中国具体实践和传统文化有机结合，使马克思主义在民族文化中找到自己的立足点，同时将马克思主义的科学真理注入中国文化当中，实现中国传统优秀文化的现代转型，最终成功地实现了马克思主义中国化。而这其中，成绩最为斐然者，非毛泽东莫属。比如毛泽东思想的精髓"实事求是"，既是对辩证唯物主义和历史唯物主义的高度概括，同时也是对中华优秀传统文化的继承和创新。“实事求是”语出班固《汉书·河间献王传》“修学好古，实事求是”。其本意是赞美河间献王刘德在力推“古文经学”成为“官学”过程中严谨务实的治学态度。毛泽东明确使用“实事求是”，是在《实践论》《矛盾论》发表以后，1938 年他在《中国共产党在民族战争中的地位》一文中明确指出“共产党员应是实事求是的模范”。1941 年，他在《改造我们的学习》一文中，又对“实事求是”作了马克思主义的阐释：“‘实事’就是客观存在着的一切事物，‘是’就是客观事物的内部联系，即规律性，‘求’就是我们去研究。我们要从国内外、省内外、县内外、区内外的实际情况出发，从其中引出其固有的而不是臆造的规律性，即找出周围事变的内部联系，作为我们行动的向导。”①

① 毛泽东. 毛泽东选集：第三卷［M］. 北京：人民出版社，1991：801.

在党的七大上，实事求是被确立为党的思想路线。

改革开放和社会主义现代化建设新时期，邓小平对《礼记·礼运》中的“小康”社会理想进行了创新发展，并将其作为改革开放和社会主义现代化建设的目标设定，极大地促进了中国特色社会主义发展；江泽民重视中国传统德治文化，提出“坚持依法治国和以德治国相结合”的治国方略；胡锦涛借鉴传统文化“和谐”理念及“和合文化”精神，提出构建社会主义和谐社会的战略任务。

中国特色社会主义进入新时代以来，习近平总书记高度重视马克思主义和中华优秀传统文化的结合，使其呈现出更加鲜明的时代特色。比如，他在北京大学师生座谈会上指出，核心价值观承载着一个民族、一个国家的精神追求，体现着一个社会评判是非曲直的价值标准。“大学之道，在明明德，在亲民，在止于至善。”核心价值观，其实就是一种德，既是个人的德，也是一种大德，就是国家的德、社会的德。国无德不兴，人无德不立。习近平总书记在谈到加强党的政治建设时指出，“‘国以民为本，社稷亦为民而立。’加强党的政治建设，要紧扣民心这个最大的政治，把赢得民心民意、汇集民智民力作为重要着力点。”[①] 再比如，在谈到中国的外交政策时，他指出，中国走和平发展道路的自信自觉的一个重要原因，来源于中华文明的深厚根基。中国人自古就推崇“协和万邦”“亲仁善邻，国之宝也”“四海之内皆兄弟也”“国虽大，好战必亡”等和平思想。习近平总书记大量引用传统文化中的名诗名句名典，用于说明问题和指导实践，同时将马克思主义基本原理渗透于中华优秀传统文化的传承弘扬之中，用唯物辩证法激活传统文化内在

① 习近平. 习近平谈治国理政：第三卷［M］. 北京：外文出版社，2020：95.

活力，是坚持“两个结合”的光辉典范。

2. 推进文化创新的根本遵循

中国共产党人在“两个结合”的过程中，提出并实践了一套正确对待中华传统文化的方法论，为推进文化创新提供了根本遵循。

取其精华，去其糟粕。中华传统文化主要形成于几千年的封建社会之中，其内容极其丰富，因而体系十分庞杂且良莠不齐，有其历史局限性。毛泽东指出，中国历史遗留给我们很多好东西，但是也有许多毒素和糟粕，“剔除其封建性的糟粕，吸收其民主性的精华，是发展民族新文化提高民族自信心的必要条件”[①]。这里所说的“封建性的糟粕”，就是那些毒害人民的迷信文化、腐朽文化、邪恶文化和反动文化等；“民主性的精华”，主要是那些对教育人民

---

① 毛泽东. 毛泽东选集：第二卷［M］. 北京：人民出版社，1991：707-708.

有益无害的文化；要发展的“民族新文化”，就是马克思主义同中华优秀传统文化相结合的文化。“取其精华，去其糟粕”是正确对待传统文化最首要的方法论。习近平总书记也多次指出，传统文化在其形成和发展过程中，不可避免会受到当时人们的认识水平、时代条件、社会制度的局限性的制约和影响，因而也不可避免会存在陈旧过时或已成为糟粕性的东西。这就要求人们对待传统文化，要秉持“多一份尊重，多一份思考”的态度，才能真正做到“取其精华，去其糟粕”，让中华优秀传统文化滋养当代中华民族的成长。

古为今用，洋为中用。对于中国传统文化，毛泽东说：“我们是要继承的，但是目的仍然是为了人民大众”“对于过去时代的文艺形式，我们也并不拒绝利用，但这些旧形式到了我们手里，给了改造，加进了新内容，也就变成革命的为人民服务的东西了”。[1] 这就明确提出了“古为今用”的原则。但对这个原则的应用不能搞形而上学的片面化，可以有多种多样的形式，毛泽东提出的“百花齐放、百家争鸣”就体现了这个要求。其实，“双百”方针的提出，本身就是古为今用的体现。“百花齐放”，语出清代小说《镜花缘》，在该书第三回讲“百花仙子只顾在此著棋，那知下界帝王忽有御旨命他百花齐放”。毛泽东用此语比喻，提倡艺术上应有不同形式和风格的自由发展。“百家争鸣”，本来说的是春秋战国社会处于大变革时期，产生了儒家、道家、法家、墨家、阴阳家、纵横家、杂家、农家等各种思想流派，这些流派著书立说、展开争论，呈现出空前繁荣的景象，后世称赞这个时代的学术为“百家争鸣”。毛泽东用此语也是比喻学术上的不同学派应当自由争论。

① 毛泽东. 毛泽东选集：第三卷［M］. 北京：人民出版社，1991：855.

邓小平坚持和发展了毛泽东文化思想，他多次强调，“双百”方针“对我们国家有深远的影响，对我们党有极大的好处，对发展马克思列宁主义有很大的好处”，否则“思想要僵死起来，马克思主义要衰退”。同时，他还强调“必须大胆地吸收和借鉴人类社会创造的一切文明成果”。进入新时代以来，习近平总书记继承和发展了这套方法论，他说：“对待好本国历史和传统文化，处理好历史与现实的辩证关系，这是任何国家在实现现代化过程中都必须解决好的问题。”“不忘历史才能开辟未来，善于继承才能善于创新。”“对历史文化特别是先人传承下来的道德规范，要坚持古为今用、推陈出新，有鉴别地加以对待，有扬弃地予以继承。”对于外来文化，毛泽东在《新民主主义论》一文中深刻指出：“形式主义地吸收外国的东西，在中国过去是吃过大亏的。中国共产主义者对于马克思主义在中国的运用也是这样，必须将马克思主义的普遍真理和中国革命的具体实践完全地恰当地统一起来……中国文化应有自己的形式，这就是民族形式。”马克思主义中国化的过程，就是“洋为中用”的最好例证。

创造性转化、创新性发展。习近平总书记2014年9月《在纪念孔子诞辰2565周年国际学术研讨会暨国际儒学联合会第五届会员大会开幕会上的讲话》中提出“努力实现传统文化的创造性转化、创新性发展”，之后又多次重申了这一观点。党的十九大报告中再次强调，要推动中华优秀传统文化“创造性转化、创新性发展，不断铸就中华文化新辉煌”①。“两创”方针是新时代继承弘扬中华优秀传统文化的根本方针。“两创”方针的提出本身就是不断推进文化创新的结果。文化属于上层建筑，但始于实践。中华传统文化是农耕文明下的精神产品和

① 习近平. 习近平谈治国理政：第三卷［M］. 北京：外文出版社，2020：32.

思想结晶，要融入新时代中国特色社会主义先进文化建设，就必须有所扬弃、有所创新，要与新的时代特点相结合，在实践创造中进行文化创造，在历史进步中实现文化进步。

第三章

深刻领会 开拓创新理论体系

百年以来，中国共产党人以马克思主义为指导，始终坚持开拓创新，奋力拼搏，形成了党的创新理论体系。深刻领会党的创新理论，既要从党的理论创新史中体会其所呈现的马克思主义中国化的鲜明理论特质，更要掌握其所贯穿的哲学方法、科学精神和政治智慧，进一步感悟思想伟力，增强运用党的创新理论武装全党的政治自觉。

一、理论创新：勇于结合新的实践不断推进理论创新

党的理论创新是指马克思主义基本原理与

中国具体实际相结合、与中华优秀传统文化相结合，总结出新的规律和宝贵经验，通过研究马克思主义发展的历史脉络以及前行的路径，凝练出适合国家发展的创新方法、前进路线、发展道路、目标规划等，为当前和今后国家的发展提供有效直接的理论基础。马克思主义原理不同于其他思想的地方在于，它在前人正确看待世界的理论基础上进一提出改造世界的思想方法，进而使之成为人们认识世界改造世界的必不可少的理论工具。习近平总书记指出，“理论的生命力在于不断创新，推动马克思主义不断发展是中国共产党人的神圣职责”[①]。党成立以来，不断推进马克思主义中国化时代化，用马克思主义中国化的科学理论引领伟大实践，形成了毛泽东思想、邓小平理论、“三个代表”重要思想、科学发展观和习近平新时代中国特

① 习近平．习近平谈治国理政：第三卷［M］．北京：外文出版社，2020：76.

色社会主义思想等重大理论成果。

1. 毛泽东思想科学体系

新民主主义革命时期，毛泽东同志率先提出“马克思主义的‘本本’是要学习的，但是必须同我国的实际情况相结合”①，后又提出“马克思主义中国化”的重大命题，从而成功开创了马克思主义中国化的历史进程。他创立了无产阶级领导的，工农联盟为基础的，人民大众的，反对帝国主义、封建主义和官僚资本主义的新民主主义革命理论；采取社会主义工业化和社会主义改造同时并举的方针，实行逐步改造生产资料私有制的具体政策，建立了社会主义经济制度；提出人民民主专政理论；规定了全心全意为人民服务是人民军队的唯一宗旨，确立了是党指挥枪而不是枪指挥党的原则，制

① 毛泽东. 毛泽东选集：第一卷［M］. 北京：人民出版社，1991：111-112.

定了三大纪律八项注意，强调实行政治、经济、军事三大民主；指出政策和策略是党的生命，是革命政党一切实际行动的出发点和归宿。特别注重从思想上建党。

毛泽东思想的活的灵魂有三个基本方面，即实事求是、群众路线、独立自主。《中共中央关于党的百年奋斗重大成就和历史经验的决议》指出："在革命斗争中，以毛泽东同志为主要代表的中国共产党人，把马克思列宁主义基本原理同中国具体实际相结合，对经过艰苦探索、付出巨大牺牲积累的一系列独创性经验作了理论概括，开辟了农村包围城市、武装夺取政权的正确革命道路，创立了毛泽东思想"①；在社会主义革命和建设时期，"毛泽东同志提出把马克思列宁主义基本原理同中国具体实际进行'第二次结合'，以毛泽东同志为主要代表的中国共产

① 本书编写组.《中共中央关于党的百年奋斗重大成就和历史经验的决议》辅导读本［M］. 北京：人民出版社，2021：20-21.

党人，结合新的实际丰富和发展毛泽东思想，提出关于社会主义建设的一系列重要思想”。[1]

2. 邓小平理论科学体系

党的十一届三中全会以后，以邓小平同志为主要代表的中国共产党人，制定了建设中国特色社会主义的路线、方针、政策，阐明了在中国建设社会主义、巩固和发展社会主义的基本问题，创立了邓小平理论。邓小平正式提出了“建设有中国特色的社会主义”的命题，紧紧围绕“什么是社会主义、怎样建设社会主义”这一根本问题进行了深入的理论思考，提出了许多重要的新论断，如社会主义初级阶段理论、“一个中心、两个基本点”的基本路线，并对“建设有中国特色社会主义理论”的主要内容作了系统概括。邓小平理论是毛泽东思想在新的

① 本书编写组.《中共中央关于党的百年奋斗重大成就和历史经验的决议》辅导读本［M］. 北京：人民出版社，2021：25-26.

历史条件下的继承和发展，是马克思主义在中国发展的新阶段，是马克思主义中国化的第二大理论成果，引导着我国社会主义现代化事业不断前进。邓小平理论"解放思想，实事求是，作出把党和国家工作中心转移到经济建设上来、实行改革开放的历史性决策，深刻揭示社会主义本质，确立社会主义初级阶段基本路线，明确提出走自己的路、建设中国特色社会主义，科学回答了建设中国特色社会主义的一系列基本问题，制定了到二十一世纪中叶分三步走、基本实现社会主义现代化的发展战略，成功开创了中国特色社会主义"①。

3."三个代表"重要思想主要内容

党的十三届四中全会以后，以江泽民同志为主要代表的中国共产党人，不断加深对什么

---

① 本书编写组.《中共中央关于党的百年奋斗重大成就和历史经验的决议》辅导读本［M］.北京：人民出版社，2021：28-29.

是社会主义、怎样建设社会主义和建设什么样的党、怎样建设党的认识，形成了“三个代表”重要思想，明确提出和部署了建立社会主义市场经济体制、推进党的建设新的伟大工程等一系列关系全局的重大课题，并就国有企业改革，依法治国和以德治国相结合、实施科教兴国战略、可持续发展战略等方面提出了一系列新思想。“三个代表”重要思想是对马克思列宁主义、毛泽东思想和邓小平理论的继承和发展，是马克思主义中国化的第三大理论成果。“三个代表”重要思想“开创全面改革开放新局面，推进党的建设新的伟大工程，成功把中国特色社会主义推向二十一世纪”[①]。

4. 科学发展观主要内容

党的十六大以后，以胡锦涛同志为主要代

① 本书编写组.《中共中央关于党的百年奋斗重大成就和历史经验的决议》辅导读本［M］. 北京：人民出版社，2021：29.

表的中国共产党人，深刻认识和回答了新形势下实现什么样的发展、怎样发展等重大问题，形成了科学发展观。胡锦涛同志立足于国内外形势的发展变化，不断推进实践基础上的理论创新，先后提出了树立和落实科学发展观、构建社会主义和谐社会、加强党的执政能力建设和先进性建设、建设社会主义新农村、建设创新型国家、树立社会主义荣辱观以及坚持走和平发展道路、建设和谐世界等一系列重大战略思想。科学发展观，第一要义是发展，核心是以人为本，基本要求是全面协调可持续，根本方法是统筹兼顾。科学发展观“抓住重要战略机遇期，聚精会神搞建设，一心一意谋发展，强调坚持以人为本、全面协调可持续发展，着力保障和改善民生，促进社会公平正义，推进党的执政能力建设和先进性建设，成功在新形势下坚持和发展了中国特色社会主义”①。

5. 习近平新时代中国特色社会主义思想体系

党的十八大以来，中国特色社会主义进入新时代。以习近平同志为主要代表的中国共产党人，把马克思主义基本原理同中国特色社会主义新时代的具体实际相结合，同中华优秀传统文化相结合，坚持毛泽东思想和中国特色社会主义理论体系，创立了习近平新时代中国特色社会主义思想。“习近平新时代中国特色社会主义思想是当代中国马克思主义、二十一世纪马克思主义，是中华文化和中国精神的时代精华，实现了马克思主义中国化新的飞跃”②。

一是丰富和发展了马克思主义建党学说。创造性提出坚持和加强党的全面领导、推进党

---

① 本书编写组.《中共中央关于党的百年奋斗重大成就和历史经验的决议》辅导读本［M］. 北京：人民出版社，2021：29.

② 本书编写组.《中共中央关于党的百年奋斗重大成就和历史经验的决议》辅导读本［M］. 北京：人民出版社，2021：38.

的自我革命，科学回答了新时代坚持党的领导、加强党的建设一系列重大问题。习近平总书记指出：“中国共产党领导是中国特色社会主义最本质的特征，是中国特色社会主义制度的最大优势。党政军民学，东西南北中，党是领导一切的。正是因为始终坚持党的集中统一领导，我们才能实现伟大历史转折、开启改革开放新时期和中华民族伟大复兴新征程，才能成功应对一系列重大风险挑战、克服无数艰难险阻，才能有力应变局、平风波、战洪水、防非典、抗地震、化危机，才能既不走封闭僵化的老路也不走改旗易帜的邪路，而是坚定不移走中国特色社会主义道路。”①

二是丰富和发展了马克思主义人民观。创造性提出以人民为中心的发展思想，把人民对

① 习近平．中国共产党领导是中国特色社会主义最本质的特征［EB/OL］．［2020-07-15］http：//www.qstheory.cn/dukan/qs/2020-07/15/c_1126234524.htm.

美好生活的向往作为党的奋斗目标，不断促进人的全面发展，最终实现全体人民共同富裕。习近平总书记指出，人民是历史的创造者，是决定党和国家前途命运的根本力量。人民是党执政的最大底气，也是党执政最深厚的根基。我们要始终把人民立场作为根本立场，把为人民谋幸福作为根本使命，坚持全心全意为人民服务的根本宗旨。[①]

三是丰富和发展了马克思主义国家治理学说。创造性提出以完善和发展中国特色社会主义制度、推进国家治理体系和治理能力现代化为全面深化改革的总目标，提出统筹推进“五位一体”总体布局、协调推进“四个全面”战略布局，确立了党在新时代的治国理政方略。党的十八大以来，以习近平同志为核心的党中央提出并积极推进经济建设、政治建设、文化

① 习近平. 习近平谈治国理政：第三卷［M］. 北京：外文出版社，2020：135-137.

建设、社会建设、生态文明建设“五位一体”的总体布局，形成并积极推进全面建设社会主义现代化国家、全面深化改革、全面依法治国、全面从严治党的战略布局。在推动经济发展的基础上，建设社会主义市场经济、民主政治、先进文化、和谐社会、生态文明，协同推进人民富裕、国家强盛、中国美丽。

四是丰富和发展了马克思主义政治经济学。创造性提出立足新发展阶段、贯彻新发展理念、构建新发展格局、推动高质量发展，深刻回答了新时代我国发展的目的、动力、方式、路径等一系列重大理论和实践问题，是中国特色社会主义政治经济学的最新成果。以习近平同志为核心的党中央提出要推进供给侧结构性改革，建设现代化经济体系，构建以国内大循环为主体、国内国际双循环相互促进的新发展格局。习近平总书记指出：“发展是解决我国一切问题的基础和关键，发展必须是科学发展，必须坚定不移贯彻创新、协调、绿色、开放、共享的发展理念。”①

五是丰富和发展了马克思主义国家学说和军事学说。创造性提出总体国家安全观和新时代的强军目标，优化政治建军、改革强军、科技强军、人才强军、依法治军的强军布局。习近平总书记指出：“全面贯彻落实总体国家安全观，必须坚持统筹发展和安全两件大事。”②“坚持人民安全、政治安全、国家利益至上的有机统一，人民安全是国家安全的宗旨，政治安全是国家安全的根本，国家利益至上是国家安全的准则，实现人民安居乐业、党的长期执政、国家长治久安。”③“统筹外部安全和内部安全、国土安全和国民安全、传统安全和非传统安全、

① 习近平. 习近平谈治国理政：第三卷［M］. 北京：外文出版社，2020：17.

② 习近平. 习近平谈治国理政：第三卷［M］. 北京：外文出版社，2020：218.

③ 习近平. 习近平谈治国理政：第三卷［M］. 北京：外文出版社，2020：218.

自身安全和共同安全，完善国家安全制度体系，加强国家安全能力建设，坚决维护国家主权、安全、发展利益。”① “建设一支听党指挥、能打胜仗、作风优良的人民军队，是实现‘两个一百年’奋斗目标、实现中华民族伟大复兴的战略支撑。”②

六是丰富和发展了马克思主义世界历史理论。创造性提出以推动构建新型国际关系、推动构建人类命运共同体为目标方向，推动建设持久和平、普遍安全、共同繁荣、开放包容、清洁美丽的世界，科学回答了在世界百年未有之大变局中人类社会何去何从的重大理论和现实问题。习近平总书记指出：“必须统筹国内国际两个大局，始终不渝走和平发展道路、奉行互利共赢的开放战略，坚持正确义利观，树立

① 习近平．习近平谈治国理政：第三卷［M］．北京：外文出版社，2020：19.

② 习近平．习近平谈治国理政：第三卷［M］．北京：外文出版社，2020：19.

共同、综合、合作、可持续的新安全观，谋求开放创新、包容互惠的发展前景，促进和而不同、兼收并蓄的文明交流，构筑尊崇自然、绿色发展的生态体系，始终做世界和平的建设者、全球发展的贡献者、国际秩序的维护者。”①

二、实践创新：善于用新的理论指导新的实践

马克思主义认为，实践是人们改造世界的必要手段，通过实践来构筑未来和推动社会发展实质上也是一种创新的体现，这就是实践创新。而实践创新的实质就是人在不断试错和不断纠正错误中，最终实现实践创新目标的一个过程。习近平总书记指出，要“善于用新的理

① 习近平．习近平谈治国理政：第三卷［M］．北京：外文出版社，2020：20.

论指导新的实践"①。马克思将实践作为其研究的出发点和落脚点，也表明实践对社会发展和前进具有重要意义，马克思自己在前人的思想基础上不断进行实践探索最终创造了举世瞩目的理论成果，也表明了实践对于改造世界的重要性。

1. 实践创新具有马克思主义世界观的鲜明特色

首先，实践是人们能动地改造客观世界的活动。实践构成了人们社会生活的基本内容，推进了人类历史的不断发展，正因为如此，马克思认为社会生活在本质上就是实践。在人类生活中，实践体现出鲜明特色。马克思将实践作为其研究的出发点和落脚点，也表明实践对社会发展和前进具有重要意义。认识与实践、

① 本书编写组.《中共中央关于党的百年奋斗重大成就和历史经验的决议》辅导读本［M］. 北京：人民出版社，2021：76.

理论创新和实践创新之间是辩证统一、互存互动的关系，通过实践来构筑未来和推动社会发展实质上也是一种创新的体现。马克思将创新思想付诸实践的过程，就是实践创新。

其次，实践具有客观现实性。马克思主义实践观告诉我们，实践是理论形成和发展的源泉。实践又具有社会性，因为它是现实社会生活中人们的活动。实践还具有发展性，因为它是人们改造世界的活动，而客观世界的发展是无限的，所以人类改造世界的实践活动也是不断发展的。正是在人类社会实践活动的基础上，人们才总结出了这样或那样的知识，概括出了这样或那样的理论。人们只有在改造世界的伟大实践中，才能逐渐认识自然界、社会和人类思维发展的规律，进而获得对客观事物的正确认识，形成体现社会发展规律的科学理论。

最后，实践是检验真理的唯一标准。理论

来源于实践，但科学的理论形成之后又对实践产生重要指导作用，对人们从事新的实践活动提供必要理论指导。在运用科学理论指导社会实践的过程中，理论本身也得到进一步检验，检验成功了，就证明它符合客观实际，是科学的理论；检验失败了，证明它不符合实际，就不是科学的理论。正是从这个意义上说，实践是检验真理的唯一标准。实践还是推进理论发展的根本动力。社会实践是不断发展的，科学理论也要随之而不断发展和创新。正因为实践之路常新，理论之树才能常青，离开社会实践的不断发展，就不可能有理论创新的成果。

2. 实践创新是理论创新的现实基础

社会实践是科学理论形成的“源头活水”。理论来源于实践，理论创新也必须建立在实践创新的基础之上。习近平总书记指出，要坚持实践第一的观点，不断推进实践基础上的理论创新。[①] 只有聆听时代的声音，回应时代的呼唤，认真研究解决重大而紧迫的问题，才能真正把握住历史脉络、找到发展规律，推动理论创新。中国特色社会主义理论就是在当代中国改革开放和社会主义现代化建设伟大实践基础上形成和发展起来的，是植根于当代中国实践基础上的中国化的马克思主义理论。

首先，中国特色社会主义理论是我国改革开放和社会主义现代化建设伟大实践的理论结晶。改革开放是我党在新的历史条件下带领人民进行的一场新的伟大革命，是发展中国特色社会主义的强大动力。在改革开放的伟大进程中，中国特色社会主义理论得以形成并不断发展。我国改革开放的历史，既是我党带领人民开辟和推进中国特色社会主义伟大实践的历史，

---

① 习近平. 辩证唯物主义是中国共产党人的世界观和方法论［J］. 求是，2019（1）：4-6.

也是中国特色社会主义理论形成和发展的历史。中国特色社会主义伟大实践促成了中国特色社会主义理论的创立，而中国特色社会主义理论又为中国特色社会主义伟大实践提供了科学的理论指南。

其次，中国特色社会主义理论随着中国特色社会主义实践的发展而不断丰富和完善。中国特色社会主义理论的发展历程与中国特色社会主义的实践过程是有机统一的。党的十一届三中全会以来，几代中央领导集体在坚持和发展中国特色社会主义伟大实践中，进一步丰富和发展了中国特色社会主义理论体系。党的十八大以来，以习近平同志为核心的党中央高举中国特色社会主义伟大旗帜，继续深化对共产党执政规律、社会主义建设规律和人类社会发展规律的认识，形成了一系列治国理政的新理念、新思想和新战略，进一步丰富和发展了中国特色社会主义理论。随着我国改革开放和社会主义现代化建设的不断推进，中国特色社会主义理论也将得到不断丰富和完善。

最后，人民群众的伟大实践和创造，为中国特色社会主义理论形成和发展提供了坚实基础。中国特色社会主义事业是全国各族人民实现自身利益、创造美好生活的共同事业。改革开放以来的许多成功探索和先进经验大都来自人民群众。中国特色社会主义理论就是我党紧紧依靠人民，从人民群众中凝聚力量、汲取智慧而逐步形成和发展起来的。离开人民群众丰富多彩的实践活动，就不可能有中国特色社会主义理论博大精深的鲜活内容。

3. 推动新时代背景下的实践创新

实践创新没有止境。根据时代变化和实践发展，不断深化认识，不断总结经验，不断进行实践创新，这是党和国家事业兴旺发达的成功之道。习近平总书记指出：“要使党和人民事业不停顿，首先理论上不能停顿。我们要根据时代变化和实践发展，不断深化认识，不断总结经验，不断进行理论创新，坚持理论指导和实践探索辩证统一，实现理论创新和实践创新良性互动，在这种统一和互动中发展21世纪中国的马克思主义”①。

首先，实践创新要自觉运用马克思主义理论创新成果。学习是为了应用，学习马克思主义、中国特色社会主义理论就是为了更加自觉地运用这些科学理论来指导实践创新。中国特色社会主义理论集中体现了当今世界和当代中国的发展变化对党和国家工作的新要求，是我党继续励精图治、开拓进取的行动指南。我们必须自觉运用中国特色社会主义理论指导实践，用理论创新成果推进实践创新。

其次，实践创新必须不断增强问题意识。

---

① 习近平. 辩证唯物主义是中国共产党人的世界观和方法论［J］. 求是，2019（1）：4-6.

坚持问题导向是马克思主义的鲜明特点。离开实际问题谈所谓实践创新是毫无意义的。马克思主义善于分析把握不同问题的意义和实质，社会实践丰富多彩，社会问题也错综复杂，我们需要把握和研究的问题很多，必须善于从众多矛盾中抓那些事关国家前途、民族命运和经济社会发展全局的重大问题、关键问题和前沿问题，以马克思主义为指导，在认真研究问题的基础上不断提出解决问题的正确思路和有效办法，以此推进实践创新不断向纵深发展。

最后，实践创新必须坚持马克思主义在意识形态领域的指导地位。坚持马克思主义、坚持中国特色社会主义理论，就必须坚决抵制和反对各种歪曲、篡改和否定马克思主义和中国特色社会主义的错误思潮，自觉抵制西方各种错误思潮的渗透及历史虚无主义、文化复古主义、极端个人主义和拜金主义等错误思想的侵蚀，坚持弘扬马克思主义和中国特色社会主义主旋律，不断把中国特色社会主义伟大事业推向前进。

三、制度创新：把坚定制度自信和不断改革创新统一起来

制度创新是指在人们现有的生产和生活环境条件下，通过创设新的、更能有效激励人们行为的制度、规范体系来实现社会的持续发展和变革的创新。人类社会发展史表明，阶级统治、发展模式、发展道路，总是体现为一定的制度安排。社会变革，归根结底是制度的更新与重塑。如果说，勇于实践是中国特色社会主义的源头活水，科学理论是中国特色社会主义的指路明灯，制度建设就是它的大厦梁柱。人类社会的递嬗演进证明，任何实践中的成功经验、任何先进的科学理论，如果不固化为制度，

如果不转化为制度安排，就是不稳定的、不确定的、不具备可持续性的。习近平总书记指出："要把坚定制度自信和不断改革创新统一起来，在坚持根本政治制度、基本政治制度的基础上，不断推进制度体系完善和发展。"① 正因为如此，在开辟中国特色社会主义道路的伟大历史进程中，我党在重视实践开拓、理论创新的同时，也高度重视制度建设，适时通过制度创新巩固了改革开放的成果，形成了基本定型、日臻完善的中国特色社会主义制度。

1. 以马克思主义为指导的制度创新

中国共产党是以马克思主义为根本指导思想并善于把马克思主义中国化的政党，在夺取全国政权之前已经在革命根据地建立了红色政

---

① 习近平. 在庆祝全国人民代表大会成立六十周年大会上的讲话［EB/OL］.［2014-09-16］http. www. npc. gov. cn/npc/c10134/201409/034d93e3c5b14b139d2baao/aacf8744. shtml.

权，经历了从局部执政到全面执政的长期执政历史，积累了极其丰富的制度建设经验。毛泽东在《新民主主义论》中就指出，新民主主义国家是由相互联系的新民主主义政治、经济、文化构成的。为建立新中国做准备的党的七届二中全会决议和毛泽东发表的《论人民民主专政》，深刻阐述了新中国的国体、政体、经济形态和外交政策等重大问题。特别是具有宪法性质的《中国人民政治协商会议共同纲领》，把马克思主义基本原理和中国具体实际结合起来，提出了新中国制度建设的全新构想。新中国成立后，无论是对生产资料私有制进行社会主义改造、建立社会主义基本制度，还是在改革开放后建立健全中国特色社会主义制度，我们都始终坚持以马克思主义为指导，始终坚持从中国实际出发，从而确保了我们建立的制度是符合中国基本国情的具有科学性的中国特色社会主义制度。

2. 全面覆盖且有机联系的制度创新

中国特色社会主义是内政、外交、国防相互配合，民族复兴和祖国统一相互联系的伟大事业，每一个领域每一项工作都要有相应的制度来支撑。党的十九届四中全会通过《中共中央关于坚持和完善中国特色社会主义制度 推进国家治理体系和治理能力现代化若干重大问题的决定》，提出坚持和完善中国特色社会主义制度、党的领导制度体系、人民当家作主制度体系、中国特色社会主义法治体系、中国特色社会主义行政体制、社会主义基本经济制度、繁荣发展社会主义先进文化的制度、统筹城乡的民生保障制度、共建共治共享的社会治理制度、生态文明制度体系、党对人民军队的绝对领导制度、“一国两制”制度体系、独立自主的和平外交政策、党和国家监督体系等。

3. 具有历史文化底蕴和社会基础的制度创新

中国特色社会主义制度植根中国大地，具有深厚的中华文化根基，深得人民拥护。长期以来，有些人总是以美国的或欧洲的制度为“样本”“标杆”来评价中国的制度，甚至设计中国的制度改革。但是，历史证明，这种制度研究和设计的思路在中国是行不通的。毫无疑问，我们在体制改革中需要研究和借鉴国外制度文明的有益成果，但不能脱离中国的国情实际和历史文化照抄照搬外国的制度模式。我们坚持听从中国人民自己的实践，来探索中国的制度改革和制度建设，而不盲从或迷信那些不适合中国国情的制度说教。几千年形成的中华优秀传统文化已经成为中华民族的基因，植根在中国人心中，潜移默化影响着中国人的思维方式和行为方式。比如我们实行的协商民主制度，就是中国特色社会主义民主政治中独特的、独有的、独到的民主形式，它源自中华民族长期形成的天下为公、兼容并蓄、求同存异等优秀政治文化。

四、文化创新：激发全民族文化创新创造活力

文化创新是指文化在交流传播和继承发展过程中的创新和发展，包括文化价值观念创新、文化知识体系创新、文化思维方式创新等。文化创新是社会实践发展的必然要求，是文化自身发展的内在动力。习近平总书记指出："要坚持中国特色社会主义文化发展道路，激发全民族文化创新创造活力，建设社会主义文化强国。"[①] 文化创新可以推动社会实践的发展，促

① 习近平. 习近平谈治国理政：第三卷［M］. 北京：外文出版社，2020：32.

进人的全面发展。文化创新能够促进民族文化的繁荣，也是一个民族永葆生命力和富有凝聚力的重要保证。

1. 牢牢掌握意识形态工作领导权

毛泽东在1938年就明确提出："社会意识形态是理论上再造出的现实社会。"① 他将意识形态作为共产党区别于其他政党的一大政治要素。1979年邓小平在党的理论工作务虚会上，就明确阐述了国家现代化建设必须坚持的四项基本原则。他指出："如果动摇了这四项基本原则中的任何一项，那就动摇了整个社会主义事业，整个现代化建设事业。"② 江泽民也指出："各级党委要重视意识形态工作，加强对意识形

① 中共中央文献研究室. 毛泽东哲学批注集［M］. 北京：中央文献出版社，1988：210.

② 邓小平. 邓小平文选：第二卷［M］. 北京：人民出版社，1994：173.

态工作的领导，牢牢掌握意识形态各部门的领导权。”① “如果面对错误的思想政治观点，不闻不问，不批评，不斗争，听任它们去搞乱人们的思想、搞乱我们的意识形态，那是极其危险的，势必危害整个国家和社会的安定团结。”② 意识形态领域历来是敌对势力同我们激烈争夺的重要阵地，如果这个阵地出了问题，就可能导致社会动乱甚至丧失政权。敌对势力要搞乱一个社会、颠覆一个政权，往往总是先从意识形态领域打开突破口，先从搞乱人们的思想下手。

党的十八大以来，以习近平同志为核心的党中央清楚地看到了我国意识形态领域繁杂多样的发展态势和面临的严峻问题。习近平总书记明确

① 中共中央文献研究室．十三大以来重要文献选编：下［M］．北京：人民出版社，1993：1646.

② 江泽民．江泽民文选：第三卷［M］．北京：人民出版社，2006：88.

指出："当前，各种敌对势力一直企图在我国制造'颜色革命'，妄图颠覆中国共产党领导和我国社会主义制度。这是我国政权安全面临的现实危险。他们选中的一个突破口就是意识形态领域，企图把人们思想搞乱，然后浑水摸鱼、乱中取胜。新形势下，意识形态领域斗争复杂尖锐。"① 习近平总书记强调："经济建设是党的中心工作，意识形态工作是党的一项极端重要的工作。"② "在意识形态领域斗争上，我们没有任何妥协、退让的余地，必须取得全胜。"③ 关于意识形态工作这一重要文化建设的新思想，作为新时代中国特色社会主义文化创新的一大理论成果，牢牢掌握意识形态工作领导权，使得我国意识形态领域的总体态势更加积极健康向上、主旋律更

---

① 中共中央文献研究室. 习近平关于社会主义文化建设论述摘编［M］. 北京：中央文献出版社，2017：37.

② 习近平. 习近平谈治国理政［M］. 北京：外文出版社，2014：153.

③ 中共中央文献研究室. 习近平关于社会主义文化建设论述摘编［M］. 北京：中央文献出版社，2017：37.

加响亮、正能量更加强劲，促使中国特色社会主义的“四个自信”得到了更加全面更深层次的彰显，主流意识形态的影响力、引导力和凝聚力得到了进一步的强化，为新时代我国社会主义文化的繁荣复兴提供了重要的保障。

2. 培育和践行社会主义核心价值观

一个国家、一个民族的核心价值观是推进国家建设和民族振兴所依据和遵循的是非标准、行为准则和终极信念，是在人类社会的运动和发展中居于核心地位、处于支配作用的价值观。习近平总书记指出：“价值观念在一定社会的文化中是起中轴作用的，文化的影响力首先是价值观念的影响力。”① 核心价值观是一个民族赖以维系的精神纽带，是一个国家共同的思想道德基础。核心价值观的地位和作用决定了它不是一成

① 中共中央文献研究室. 习近平关于社会主义文化建设论述摘编［M］. 北京：中央文献出版社，2017：105.

不变的，而是随着社会的更替、时代的变迁和国家的发展在不断地发生变化。先进的中国共产党在经过长期一系列的探索之后，立足我国发展的新起点和新境界，以全新的角度对社会主义核心价值观作了全新的概括，在党的十八大上明确提出了以“富强、民主、文明、和谐，自由、平等、公正、法治，爱国、敬业、诚信、友善”为内容的社会主义核心价值观，它是与当代中国的发展现状和发展要求相适应的全新的价值观。

3. 推动中华文明创造性转化、创新性发展

民族的复兴氤氲着文化的复兴，文化的复兴支撑着民族的复兴。我们要在继承和弘扬中华民族优秀传统文化的基础上，结合新的时代背景与实践要求，在我国现代化建设各项事业各个方面全力推进中华民族优秀传统文化的创造性转化和创新性发展。习近平总书记指出：“要加强对中华优秀传统文化的挖掘和阐发，使中华民族最基

本的文化基因与当代文化相适应、与现代社会相协调”，“要推动中华文明创造性转化、创新性发展，激活其生命力，让中华文明同各国人民创造的多彩文明一道，为人类提供正确精神指引”。①

中华民族五千年的优秀传统文化蕴含着极为丰富的文化资源，决定了我国是一个文化大国。我们不能忽视更不能浪费这一丰富文化资源蕴含的巨大能量，而应该运用现代的理念、方式方法对其进行深入的梳理、分析、提炼和总结，将其内在丰富的文化资源转化为文化生产力，让它的价值不仅停留在上层建筑领域，也发挥在经济基础层面。要通过现代科技和市场作用，对其进行更加深入、更加充分的挖掘、开发与利用，将它内在丰富的文化资源转变和发展成为现实的生产力，由此使得它的现代价值得到最大发挥，不再造成我国文化资源的流失与浪费。这样，我国将

① 习近平. 习近平谈治国理政：第二卷［M］. 北京：外文出版社，2017：340.

以巨大的文化生产力不断增强文化实力，改变文化创新不足的现状，以更加饱满的姿态向社会主义强国进军。

4. 推动文化事业和文化产业发展

一个国家在推进文化建设和发展的过程中，文化事业和文化产业在其中扮演着极为重要的角色，为推动国家走向强盛提供着重要的助力。文化事业和文化产业的发展，不但直接关系着我国文化建设的成效，更关系着我国现代化建设其他领域事业的全面推进与健康发展。它们是满足人民发展需要、保障人民文化权利和文化享受的必然要求，也是激发全民族文化创新创造活力、推动社会主义文化繁荣兴盛的支撑与动力。

一直以来，促进我国文化事业和文化产业的发展始终都是党十分重视的工作。2000 年 10 月，党的十五届五中全会上通过《中共中央关于制定国民经济和社会发展第十个五年计划的建议》，

“文化产业”这个概念第一次在中央正式文件中被使用，确立了文化产业在我国文化建设工作中的地位和作用。[①] 2002 年 11 月，党的十六大明确提出，“发展各类文化事业和文化产业都要贯彻发展先进文化的要求，始终把社会效益放在首位”[②]。党的十七大强调，文化产业在国民经济比重中要明显提高，完善扶持公益性文化事业，发展文化产业、鼓励文化创新的政策。

党的十八大以来，以习近平同志为核心的党中央仍然将发展文化事业和文化产业作为我国文化建设的重要举措。习近平总书记指出：“我们要大力推动文化事业发展，通过文化交流，沟通心灵，开阔眼界，增进共识，让人们在持续的以

---

① 中央财经领导小组办公室主编. 中共中央关于制定国民经济和社会发展第十个五年计划的建议学习辅导讲座［M］. 北京：人民出版社，2000：299.

② 江泽民. 江泽民文选：第三卷［M］. 北京：人民出版社，1993：561.

文化人中提升素养，让文化为人类进步助力。”① “加快发展文化产业，提高文化产业规模化、集约化、专业化水平。”② “推动文化事业全面繁荣、文化产业快速发展，不断丰富人民精神世界、增强人民精神力量，不断增强文化整体实力和竞争力。”③ 要以更加规范的文化管理体制来引导文化事业和文化产业的正确建设和发展方向，来监督文化市场的健康有效运行。要完善公共文化服务体系，把丰富人民群众的文化活动、提升人民群众的文化享受作为完善公共文化服务体系的出发点和落脚点，充分发挥人民群众的主动性和创造力，以更加完善的公共文化服务体系引导群众自觉积极为我国的文化建设贡献力量。要健

---

① 中共中央文献研究室. 十八大以来党的重要文献选编：中［M］. 北京：中央文献出版社，2016：187.

② 中共中央文献研究室. 十八大以来党的重要文献选编：中［M］. 北京：中央文献出版社，2016：185.

③ 中共中央文献研究室. 十八大以来党的重要文献选编：中［M］. 北京：中央文献出版社，2016：186.

全现代文化产业体系，以培育壮大文化市场为主体，完善文化投资体系和文化市场准入机制，强化对文化市场的引导和监督，健全现代文化产业体系。要不断创新文化业态，培育和发展网络文化、数字文化、信息文化新媒体等具有现代化形态的新型文化产业。要加强对外人文交流与合作，以包容宽阔的胸襟借鉴和吸收人类创造的一切有益的、优秀的文化成果，统筹国际国内两个市场，充分利用国际国内两种资源，以更加具有创新性的模式和更高的能力水平推动我国文化理念和文化产品“走出去”。

五、内在逻辑：开拓创新是一个系统工程

唯物辩证法认为世界万物是联系的，也是发展的。在创新发展的过程中，理论创新、实践创新、制度创新、文化创新以及其他各方面的

创新，是互联互动的统一整体，是不可分割的整体。创新是一个系统工程。中国共产党成立百年以来，以开拓创新为强大动力和政策取向，把各方面创新有机地统一起来，使之相互促进、相互支撑，成为我党创新理论的成功秘诀和特色所在。

1. 理论创新为开拓创新提供科学思想武器

一个政党也好，一个民族也好，要走在时代的前列，就一刻也不能离开理论思维。重视理论思维、理论创新和理论武装，是我党的优良传统，是我党的特点之一、优点之一。展望当今世界，在世界性的发展潮流中，声言改革或变革者比比皆是，但取得成功者寥寥无几。中国特色社会主义能够取得伟大胜利，很重要的一条就是我们有科学理论的指引，有理论上的自觉和自信，有理论上的武装和创新。在开辟中国特色社会主义伟大道路的历史进程中，我党不仅具有巨大的实践勇气，而且具有高度的理论自觉。我们不仅注重实践、勇于实践，而且勇于推进实践基础上的理论创新，形成了崭新的、系统的、成熟的且与时俱进的科学理论。建党百年来，中国共产党始终坚持解放思想和实事求是相统一、培元固本和守正创新相统一，不断开辟马克思主义新境界。从毛泽东思想、邓小平理论、“三个代表”重要思想、科学发展观到习近平新时代中国特色社会主义思想，创新理论一脉相承，与时俱进地解决了马克思主义中国化的时代新问题，历史性地开辟了马克思主义中国化新境界，实现了党的理论创新的接力发展。

2. 实践创新为开拓创新提供蓬勃生机活力

习近平总书记指出：“时代是思想之母，实践是理论之源。”[①] 当今世界正经历百年未有之

① 习近平. 习近平谈治国理政：第二卷［M］. 北京：外文出版社，2017：34.

大变局，新一轮科技革命和产业变革深入发展，国际环境日趋复杂。当代中国正处于实现中华民族伟大复兴中国梦的关键时期，正经历着我国历史上最为广泛而深刻的社会变革，正进行着人类历史上最为宏大而独特的实践创新。

中国共产党的历史就是一部实践创新史，折射出“实践是理论之源”的哲学智慧。中国特色社会主义的伟大实践从哪里开始，党的理论就从哪里开始；有什么样的实践发展和创新，就有什么样的理论随之“俱进”。中国的社会主义进入改革开放阶段后，邓小平同志强调，“进行全面的经济体制改革需要有勇气，胆子要大，步子要稳”①，“没有一点闯的精神，没有一点‘冒’的精神，没有一股气呀、劲呀，就走不出一条好路，走不出一条新路，就干不出新的事

---

① 邓小平. 邓小平文选：第三卷［M］. 北京：人民出版社，1993：130.

业”[1]。习近平总书记也经常用“永远在路上”来表达共产党人的实践意识。中华民族经历了数代人的艰难探索与实践才最终确立了适合中国当下国情的中国特色社会主义道路。而实践是永无止境的，中国时时刻刻都发生着天翻地覆的变化，因此，必须保持与时俱进的实践创新精神，保持实践创新的生机与活力，紧跟时代步伐，不断推进新时代发展。实践创新没有止境。当代中国正经历着历史上最为广泛而深刻的社会变革，也正进行着人类历史上最为宏大而独特的实践创新。

3. 制度创新为开拓创新提供坚强社会基石

人类社会发展史表明，治国理政的先进理念和成功实践经验，如果不转化为成熟的定型

① 邓小平. 邓小平文选：第三卷［M］. 北京：人民出版社，1993：372.

的制度，并在实践中得到有效贯彻执行，就很难持续长久发挥效能。制度以及制度的成熟、定型并有力执行，才是靠得住的治国理政的压舱石和定盘星，古今中外，概莫能外。习近平总书记指出："改革开放40年的实践启示我们：制度是关系党和国家事业发展的根本性、全局性、稳定性、长期性问题。我们扭住完善和发展中国特色社会主义制度这个关键，为解放和发展社会生产力、解放和增强社会活力、永葆党和国家生机活力提供了有力保证，为保持社会大局稳定、保证人民安居乐业、保障国家安全提供了有力保证，为放手让一切劳动、知识、技术、管理、资本等要素的活力竞相迸发，让一切创造社会财富的源泉充分涌流不断建立了充满活力的体制机制"。①

在长期的革命、建设实践中，我党始终坚

① 习近平. 习近平谈治国理政：第三卷［M］. 北京：外文出版社，2020：185.

持把制度设计建立在对中国国情的深刻认识和科学把握上，建立在对革命路线、执政理念、建设规律和发展观念的科学研究和坚决执行上，形成了具有强大生命力、永葆先进性的中国特色社会主义制度。中国特色社会主义制度是一次伟大的制度创新，其确立由我们国家的性质和国情所决定。中国共产党就是在带领全国人民建立新中国、建设中国特色社会主义的过程中展示出了自己的革命性、先进性，在不懈奋斗中证明了中国特色社会主义制度是人类的美好制度，体现出对马克思主义政党执政规律、社会主义建设规律、人类社会发展规律的深刻理解和科学把握。中国特色社会主义制度是当代中国发展进步的根本制度保障，集中体现了中国特色社会主义的特点和优势。作为中国共产党、中国人民的伟大创造，作为当今中国实现科学发展、和谐发展的根本制度保障，中国特色社会主义制度是在社会主义实践中建立、完善和发展的，在经济、政治、文化、社会等各个领域形成的一整套相互衔接、相互联系的制度体系。长期坚持中国特色社会主义制度不动摇，高度体现了制度自信。

4. 文化创新为开拓创新提供永恒精神力量

文化的价值和生命力在于创新。新时代历史背景和实践要求下，推进我国社会主义文化建设，必须坚定文化自信，牢牢把握社会主义先进文化前进方向，激发全民族文化创新创造活力，推动文化创新，焕发文化的时代活力与时代魅力，更好构筑中国精神、中国价值、中国力量，继续为我国现代化建设的新征程贡献力量。

中国特色社会主义文化必须在实践中不断创新，构建超越前人、反映时代精神、为全社会的生产力发展和人民大众服务的先进文化，起到“助推器”的作用，以实现人的全面发展。

可以说没有文化创新的良好氛围，就不会有积极向上的斗志，就不会有团结一致的向心力，就不会有民族自信心，就会阻碍其他领域的发展。为此，必须处理好继承、借鉴和创新的关系问题，把文化创新植根于民族的土壤，保持中国的传统文化特色；同时，也要面向世界，借鉴外来的优秀文化成果，不断创新发展，使文化创新具有先进性、科学性、民族性和时代性，为实现中华民族伟大复兴提供巨大的精神力量。

此外，科技创新、人才创新、思维创新、方法创新等各方面创新，也是党的创新理论的重要组成部分，在各自领域发挥着不可替代的重要作用。

总之，理论创新、实践创新、制度创新、文化创新以及其他方面的创新相互交织、环环相扣，贯穿于中国特色社会主义伟大道路开拓的全过程，造就了中国特色社会主义的实践形态、理论形态、制度形态和文化形态，共同构成中国特色社会主义的绚丽风景，共同支撑起中国特色社会主义的恢宏大厦，共同成就了理论自信、道路自信、制度自信和文化自信。

第四章

不断增强开拓创新的本领

我们要实现的社会主义现代化强国，是人口规模巨大，物质文明和精神文明相协调，全体人民共同富裕，人与自然和谐共生，选择和平崛起道路的现代化。这一伟大事业前无古人探求，亦无经验可资借鉴，唯有坚持开拓创新，勇往前行，方能成功。①

一、要坚持以科学理论为指导

开拓创新实践，要以科学理论为指导，坚持用先进思想武装头脑。习近平新时代中国特色

① 经济日报评论员．在开拓创新中夺取更大胜利：论学习贯彻党的十九届六中全会精神［N］．经济日报，2021-11-19.

社会主义思想是当代中国马克思主义，是 21 世纪马克思主义。坚持开拓创新，必须坚持以习近平新时代中国特色社会主义思想为指导，必须坚持以习近平同志关于开拓创新重要论述精神为指引。党的十八大以来，习近平总书记围绕为人民谋幸福、为民族谋复兴、为世界谋大同，不断深化对中国特色社会主义的认识思考，提出了一系列重要论断、重要思想。这些重要论断和重要思想为中国特色社会主义现代化建设事业指明了方向，丰富拓展了中国特色社会主义的内涵和外延，为新时代坚持和发展中国特色社会主义提供了科学指南。

1.“十个明确”是指导开拓创新的总纲领

习近平新时代中国特色社会主义思想最核心的内容，就是“十个明确”，涵盖了新时代坚持和发展中国特色社会主义的总任务、总目标、总体布局、战略布局和发展方向、发展方式、法治保障、战略支撑、外部条件、政治保证等基本问题。“十个明确”也是指导我国社会主义事业不断开拓创新的总纲领。

在中国特色社会主义本质特征方面，明确中国特色社会主义最本质的特征是中国共产党领导，中国特色社会主义制度的最大优势是中国共产党领导，党是最高政治领导力量，提出新时代党的建设总要求，突出政治建设在党的建设中的重要地位。开拓创新中，必须服从党的坚强领导，必须增强“四个意识”、坚定“四个自信”、做到“两个维护”。

在中国特色社会主义事业的总任务方面，明确了坚持和发展中国特色社会主义的总任务是实现社会主义现代化和中华民族伟大复兴，在全面建成小康社会的基础上，分两步走，在本世纪中叶建成富强民主文明和谐美丽的社会主义现代化强国。开拓创新也必须牢牢把握这个总任务的方向，绝对不能偏离。开拓创新的一切工作都要以实现社会主义现代化和中华民族伟大复兴为纲。

在中国特色社会主义事业的总目标方面，明确新时代我国社会主要矛盾是人民日益增长的美好生活需要和不平衡不充分的发展之间的矛盾，必须坚持以人民为中心的发展思想，不断促进人的全面发展、全体人民共同富裕。随着中国特色社会主义事业的不断推进，社会的主要矛盾也发生了变化，但是，以人民为中心的发展思想和不断促进人的全面发展、全体人民共同富裕的总目标却从未改变。我们坚持开拓创新，也要立足这个总目标，无论何时何地，开拓创新都是为了人民。同时，开拓创新本身就是实现人的全面发展和全体人民共同富裕的重要抓手。

在中国特色社会主义事业的新布局方面，明确中国特色社会主义事业总体布局是“五位一体”、战略布局是“四个全面”，强调坚定道路自信、理论自信、制度自信、文化自信。坚持开拓创新，也要在“五位一体”总体布局和“四个全面”战略布局的指导下进行，在社会、经济、政治、文化、生态等各个方面全面开拓创新，不能偏废。同时，也要在“四个全面”战略布局的要求下，根据新时代党和国家事业发展的战略方向确定开拓创新的重点领域和主攻目标，不断提升开拓创新的效率。

在中国特色社会主义事业的新要求方面，明确了全面深化改革总目标是完善和发展中国特色社会主义制度、推进国家治理体系和治理能力现代化。完善和发展中国特色社会主义制度，是推进国家治理体系和治理能力现代化的内生动力和制度保障，而国家治理体系和治理能力现代化的不断推进也离不开对政治制度和治理理念的开拓创新。同时，对政治制度和治理理念的开拓创新，离不开完善和发展中国特色社会主义制度的目标和方向，既要防止走封闭僵化守旧的老路，也绝不能打着开拓创新的幌子走改旗易帜的邪路。

在中国特色社会主义事业的基本经济制度方面，明确必须坚持和完善社会主义基本经济制度，使市场在资源配置中起决定性作用，更好发挥政府作用，把握新发展阶段，贯彻创新、协调、绿色、开放、共享的新发展理念，加快构建以国内大循环为主体、国内国际双循环相互促进的新发展格局，推动高质量发展，统筹发展和安全。这些领域进行的实践和取得的成效，必然离不开开拓创新这条主线。

在中国特色社会主义事业的法治保障方面，明确全面推进依法治国总目标是建设中国特色社会主义法治体系、建设社会主义法治国家。坚持开拓创新，必须在中国特色社会主义的法治体系和法治框架之下进行，坚决杜绝违背法治精神的创新行为。

在中国特色社会主义事业的战略支撑方面，

明确党在新时代的强军目标是建设一支听党指挥、能打胜仗、作风优良的人民军队，把人民军队建设成为世界一流军队。在科技兴军方面，创新是重要的驱动力量。因此，开拓创新是实现强军目标的重要抓手，以强军思想指导开拓创新，是实现中国特色社会主义伟大事业的重要保障。

在中国特色社会主义事业的外交目标方面，明确中国特色大国外交要推动构建新型国际关系，推动构建人类命运共同体。在处理外交关系上，我国已经完成从站起来到强起来的华丽转变，随着中国的日益强大，国际社会出现了各种不同声音。习近平总书记提出构建人类命运共同体的伟大设想，是新型国际关系方面的开拓创新，同时，在外交领域的开拓创新也应紧紧围绕构建人类命运共同体进行。

在中国特色社会主义事业的政治保障方面，明确全面从严治党的战略方针，提出新时代党的建设总要求，全面推进党的政治建设、思想建设、组织建设、作风建设、纪律建设，把制度建设贯穿其中，深入推进反腐败斗争，落实管党治党政治责任，以伟大自我革命引领伟大社会革命。

2.“十四个坚持”是指导开拓创新的总方略

如果说“十个明确”是在理论层面的总体定调，那么“十四个坚持”就是偏重于实践层面、方略层面的展开。具体来说，“十四个坚持”涵盖坚持党的领导和“五位一体”总体布局、“四个全面”战略布局，涵盖国防和军队建设、维护国家安全、对外战略，和此前提出的党的基本纲领、基本经验、基本要求大体一致，是对党的治国理政重大方针、原则的最新概括，是实现“两个一百年”奋斗目标、实现中华民族伟大复兴中国梦的实践要求。

将习近平新时代中国特色社会主义思想的

“十四个坚持”作为指导开拓创新的总方略，就是要求我们在开拓创新的过程中，紧紧围绕“十四个坚持”的总体部署，以推进中国特色社会主义事业为目标，从坚持党对一切工作的领导、坚持以人民为中心、坚持全面深化改革、坚持新发展理念、坚持人民当家作主、坚持全面依法治国、坚持社会主义核心价值体系、坚持在发展中保障和改善民生、坚持人与自然和谐共生、坚持总体国家安全观、坚持党对人民军队的绝对领导、坚持“一国两制”和推进祖国统一、坚持推动构建人类命运共同体和坚持全面从严治党等十四个方面不断推进开拓创新，将开拓创新融入社会、经济、政治、文化、生态建设的方方面面。

将“十四个坚持”作为指导开拓创新的总方略，就是要我们牢记“空谈误国，实干兴邦”的教诲，立足当前国情，实事求是地看待开拓创新工作。既不能做超越时代的空想家，又不能瞻前顾后因循守旧。既要高度重视开拓创新在中国特色社会主义建设各项事业中的重要地位，又要避免为了创新而创新及过度创新、无效创新所造成的资源浪费现象。

3. “六大思维”是指导开拓创新的认识论

习近平新时代中国特色社会主义思想体现了严谨的逻辑思维体系，其中包括战略思维、历史思维、辩证思维、创新思维、法治思维、底线思维在内的“六大思维”。

以战略思维为指导，就是要在开拓创新的过程中高瞻远瞩、统揽全局，善于把握事物发展总体趋势和方向；面对纷繁复杂的国际国内环境和波谲云诡的世界局势，开拓创新必须要在战略思维的指导下拨开迷雾，才能准确判断形势，有力推进各项工作。

以历史思维为指导，就是要在开拓创新的过程中以史为鉴、知古鉴今，善于运用历史眼光认识发展规律、把握前进方向、指导现实工作。“以史为镜，可以知兴替”，习近平总书记历来非常重视党员干部对历史的学习，培养历史思维，让开拓创新工作站在巨人的肩膀上，以求事半功倍之效。

以辩证思维为指导，就是要在开拓创新的过程中承认矛盾、分析矛盾、解决矛盾，善于抓住关键、找准重点，洞察事物发展规律；运用辩证唯物主义观察事物、分析问题、解决问题，在矛盾双方对立统一过程中把握事物发展规律，在开拓创新的实践中克服极端化、片面化的错误倾向，同时为开拓创新打开良好局面。

以创新思维为指导，就是要在开拓创新的过程中破除迷信、超越常规，善于因时制宜、知难而进、敢为人先。开拓创新的关键是思维的创新，思维的创新就要打破僵化认知的藩篱。创新思维最大的指导意义就在于能够在变化中把握规律，不至于让工作陷入僵化的死胡同。

以法治思维为指导，就是要在开拓创新的过程中增强尊法学法守法用法意识，善于在法治框架下处理各种问题。法治思维的背后是伦理道德观和文化价值观，以法治思维指导开拓创新的实质，就是从工作总体认知判断到推理决策过程都要符合社会主义核心价值观，并在其潜移默化中发挥开拓创新的最大作用。

以底线思维为指导，就是要在开拓创新的过程中客观设定最低目标，立足最低点，争取最大期望值。任何工作都不是一帆风顺的，开拓创新的风险尤其巨大，坚持底线思维，就是要我们充分预估开拓创新可能面临的一系列失败与损失，把风险控制在可接受的范围内。同时，也要增强前瞻意识，充分做好各项预案，以便在不利的情况下仍旧可以保持从容地工作。

二、要强化开拓创新主观意识

1. 进一步提升开拓创新精神

创新精神一般是指能够综合运用已有的知识、信息、技能和方法，提出新方法、新观点的思维能力和进行发明创造、改革、革新的意志、信心、勇气与智慧。

开拓创新精神指开拓进取、勇于创新的精神状态。尊重知识，尊重科学，尊重客观规律。一切从实际出发，一切从人民的利益出发，按事物的本来面目去认识和掌握事物发展的客观规律。在党解放思想、实事求是的思想路线的指导下，我国广大党员干部积极变革、锐意进取，勇于开拓、务求实效，已成为社会风气和时代潮流。对于党员干部来说，开拓创新精神既是一种品格（品质、品德），又是一种胆魄

（胆量、气魄），还是一种才识（才干、才能），是三者的统一。具体来看，开拓创新精神是一种敢于怀疑、敢于质疑、不断求实的品质，表现为不排斥新事物、有坚定的自信心、有勤奋刻苦和顽强意志的品格；具有勇敢无畏、一往无前的气魄，具有开拓新路、另辟蹊径的胆量；具有远见卓识、战略眼光、扎实的专业知识。保持良好的开拓创新精神，品格、胆魄与才识必须齐备，不可或缺。品格（品质、品德）是党员干部干事创业、成就大业的基础，没有开拓创新的品格，就很难产生创新的欲念，很难保持创新的持续动能，即便偶尔产生创新欲求，也会因缺乏强劲和持续的动力支持而出现过眼云烟、昙花一现的遗憾；有胆魄而无才识，轻则冒冒失失、有勇无谋、头脑简单、难以成事，重则鲁莽冒进、胆大妄为，容易陷于蛮干之中而遭受重创；有才识而无胆魄，往往是意识到、认识到、明知道某件事应该干，干了大有好处却畏首畏尾、等待观望、裹足不前，结果眼睁睁看着才识不及己者屡获成功而成就斐然，自己却错失机会、平庸无为而后悔不已、抱憾终生，此类人的状态可以形容为“醒得早、起得晚，干得少、收获小”；当然，如果党员干部经常出现因循守旧、墨守成规、死守教条、千篇一律等情形，则此类人的创新品格、胆魄与才识皆无，那更会碌碌无为、一事无成。开拓创新精神要求敢于坚持原则，敢想、敢做、敢为，善学、善思、善谋，独立思考、直陈己见，敢于斗争、善于斗争。

立足当前开拓创新，党员干部必须提振精神、改进作风。要始终保持奋发有为的精神状态，牢固树立忧患意识、机遇意识、攻坚意识、奋斗意识、实干意识，以只争朝夕的精神抢抓机遇，以昂扬向上的锐气应对挑战，以锲而不舍的韧劲破解难题，以无比坚定的信心推动发展。“有梦就有蓝天，相信就能看见”，广大党员干部必须担负起党和国家、群众赋予的历史责任，以饱满的精神状态、奋发有为的进取精神、脚踏实地的工作作风，开拓创新，努力作为，为实现伟大的“中国梦”而努力奋斗。当前，新时代的党员干部要深入学习不断开拓创新的思路方法、模式路径和生动实践。

2. 进一步增强开拓创新勇气

开拓创新勇气是一种勇于抛弃旧思路、旧认知、旧事物、旧方法，创立新思想、新认知、新方法、新事物的精神状态。譬如，不满足已有认识、知识和信息（建立的理论、掌握的事实、总结的方法），不断追求新知识、新理论、新信息和新方法；不满足现有的生产生活休闲方式、方法以及工具、材料、物品，根据实际需要、潜在需求、发展趋势或新的环境，不断进行探索、改革和革新；不墨守成规、不人云亦云（理论、思路、观点、成见、说法、规则、习惯、方法），敢于打破原有认知，挣脱条条框框束缚，探索新的思路、新的方法、新的角度、新的规律；不迷信权威、权力、书本、惯例，不盲目效仿和接受他人说法、想法、做法，而是善于独立思考，敢于根据已有事实、信息和自己的判断，质疑权威和传统。

开拓创新勇气是一种具有“敢说前人没有说过的话，敢走前人没有走过的路，敢创前人没有开创的新事业”的大无畏的胆略和气魄；如果瞻前顾后、畏首畏尾、徘徊不前，不敢为天下先，不敢阐述自己的新思想、新见解、新观点、新想法，只敢讲已成定论的观点，不敢越雷池半步，跟在别人后边亦步亦趋，便是没有开拓创新的胆魄。

当前，党员干部要增强开拓创新的勇气，大胆探索、大胆实践、大胆总结。开拓创新是中国共产党人应该具有的历史担当，党员干部身上要始终充满一往无前、革故鼎新、破旧立新的勇气，充满善于接受新情况、善于打开新局面、善于应对新形势的锐气。中国特色社会主义是前无古人的伟大事业，没有先贤的本本可以借鉴，改革开放和社会主义现代化建设还有很长的路要走，必然会遇到许多新问题、新挑战、新情况。在前进道路上，我们将进行许多具有新的历史特点的伟大斗争。党员干部要有敢于开拓创新的勇气，细心观察新的实践和新的情势，尊重地方、基层、群众首创精神，果断做出决策，把开拓创新作为一种常态，不断用发展着的马克思主义指导新的实践，又从实践中做出新的理论概括，敢破敢立、敢闯敢试，义无反顾把改革开放、中国特色社会主义不断向前推进。①

---

① 曲青山. 缅怀 学习 继承：学习习近平总书记在纪念邓小平同志诞辰 110 周年座谈会上的重要讲话［N］. 光明日报，2014-10-03.

3. 进一步澄清开拓创新误区

开拓创新意识是社会化的个体从事创新活动、创新实践的主观意愿和态度倾向。只有具有强烈的创新意识的社会个体，才能产生强烈的创新欲望、创新热情和创新动力，树立创新目标，思考创新方法，设计创新路径，发挥创新潜力和提高创新才智。开拓创新意识主要体现在善于理性思考，尊重客观事实，敢于怀疑反思，追求卓越目标等方面。当前，部分地方、部分领域的少数党员干部开拓创新思想（认识）方面存在一些误区，需要做出澄清。

一要澄清迷信权威和传统的误区。所谓权威，一般是指某些人具有某些特殊资质、某些特定身份而形成的，在某些领域、行业、专业方面有很广的知名度、很大的发言权、很深的影响力。如拥有扎实专业功底、丰富学科知识的院士、专家、教授等学术权威、科学权威、理论权威、知识权威等；拥有较高行政职务。较高社会地位，具有资源分配权力、丰富管理经验的行政权威（行政首长）；掌握了某些先进技术、先进工艺的技术权威（技术精英）等。所谓传统，一般是指民间风俗，它是人民群众创造和世代相传的生活文化、精神特质、行为倾向、处世方式，是约定俗成的风尚、礼仪、习惯和禁忌的总和。所谓迷信，就是迷迷糊糊就信，不理解不思考不考证就信，反过来看，不理解不思考不考证就断然否定、断然拒绝，不相信已有结论也是迷信，因为迷迷糊糊、不知不觉就信了否定的一方、否定的结论。

当前，部分地方、部分领域的少数党员干部开拓创新意识中存在迷信权威和传统的不良倾向与思想误区，思考问题不全面，调查研究不扎实，分析现状不深刻，决策过程不严谨，过于依赖专家权威、上级权威、国外权威，搬出权威做挡箭牌，而没有充分考虑、深入调研本部门、本领域、本地方的实际情况、特殊情况，全盘接受权威的方案、建议和观点，这看似是民主的、开明的、合理的态度和做法，实则对工作、对事业发展危害很大。少数党员干部迷信传统，在思考问题、分析现状、决策过程中畏缩不前，瞻前顾后，不敢担当担责，有意识或无意识地沿用或翻新以前的思路、过去的惯例、历史的做法、过时的套路，实则是因循守旧、胆小怕事、爱惜羽毛、新瓶装老酒、暗地搞变通，没有与时俱进，思想陈旧落后。

对待权威和传统，党员干部要有清醒的认识，要有理性的态度，要有正确的取舍，不迷信权威，因为权威也是人，也只是在某一个领域、某一个方面、某一个时期有所建树、具有发言权，其观点结论并非都是真理。权威作为个体具有主观性、价值观、阶层性，容易被情感、兴趣、倾向、立场、利益所影响，看待问题、做出结论就有可能出现偏差和失误。因此，党员干部不能迷信和盲从权威、专家的看法、建议、观点和措施。不迷信权威和传统，不是让我们彻底抛弃、否定权威和传统，要在全面深入思考、掌握专业知识、综合分析信息的前提下，合理地继承和发展权威和传统，善于站在“巨人”“精英”的肩膀上去了解世界、认识世界、改造世界。

二要澄清迷信书本和教条的误区。当前，部分地方、部分领域的少数党员干部开拓创新意识中存在迷信书本和教条的不良倾向与思想误区，他们思考问题、寻找答案，不是从本地区本部门本单位的实际情况出发，不是理论联系实际，而是脱离实际，热衷于从经典教科书，从马克思列宁主义著作的字面意思中（而不是从思想精髓和精神实质中）断章取义地去寻找解决问题的答案，这样的思路、方法和措施往往难以奏效，甚至水土不服，适得其反。作为新时代的党员干部，不能迷信书本，因为书本知识是在特定环境中、特定历史时期中上升为理论的、理性的、经验的东西，随着社会环境的巨大变迁，不一定适合当前的状况了。书本知识，由于编者或著者个人的立场、专业、视角、情感、偏好、阶层等的局限性，很难确保价值中立、合理准确，其所介绍的知识点和观点结论难免会出现较大偏误。书本上的知识，有些是真实的、善意的、科学的、客观的、理性的，这些值得相信；有些是虚假的、恶意的、臆断的、主观的、感性的，这些就不值得相信。著名物理学家、诺贝尔奖学金获得者温伯格说过："不要安于书本上给你的答案，要去尝试发现与书本上不同的东西，这种素质可能比智力更重要，往往是最好的学生和次好的学生的分水岭。"

教条主义亦称"本本主义"，是主观主义的一种表现形式。从普遍意义上看，就是不分析事物的变化、发展，不研究事物矛盾的特殊性，只是生搬硬套现成的原则、概念、模式、方法来处理问题。从根本意义上讲，教条主义就是一种僵化的思维和态度，其外在表现为：要么是用形而上学的观点，僵化地对待某种既成的精神产品（理论、观点、教义乃至名词术语）；要么是用某种既成的精神产品，僵化地规定和剪裁不断发展变化的实践。什么都用马克思主义经典作家的语录来解释，什么事都说成是马克思、恩格斯当年说过的，甚至杜撰马克思主义经典作家没有说过的话，或者根据需要找一大堆语录，生硬"裁剪"活生生的实践发展和创新。两种表现的精神内涵和精神实质，是一以贯之的僵化。教条主义的主要特点是理论与实践相分离，主观与客观相脱离，轻视实践，轻视感性认识，夸大理性认识、理论知识的作用。把马克思主义书本上的个别语句当作教条生搬硬套，拒绝对具体问题进行具体分析，反对把马克思列宁主义的普遍真理与中国革命的具体实践相结合；形式主义地、盲目地、表面上完全无异议地执行上级的指示，而不将上级指示与本地区本部门本单位的具体实际相结合。在中国共产党的历史上，教条主义不懂得马克思主义普遍真理必须同中国具体实践相结合，曾给革命和建设带来了严重危害。

毛泽东为反对党内的这种教条主义，1930年5月在《反对本本主义》一文中指出，马克思主义的“本本”是要学习的，但是必须同我国的实际情况相结合。我们需要“本本”，但是一定要纠正脱离实际情况的本本主义。毛泽东还在1941年写的《改造我们的学习》、1942年的《整顿党的作风》等文章中，深刻批判了党内存在的教条主义。教条主义是一种反马克思主义的思想作风。教条主义者抽象地、无目的地研究马克思列宁主义理论，是妨碍马克思列宁主义普遍真理同中国革命具体实践相结合的最大敌人。教条主义轻视感性经验，片面夸大理性的作用，主张从书本上的个别词句、定义、原则、观点、结论出发，而不随时间、地点、环境、对象、条件的变化去分析具体问题。教条主义者把马克思主义的个别词句、个别原理、个别观点、个别判断看作千古不变的教条，反对根据实践经验来丰富和发展马克思主义，否认实践是检验真理的唯一标准。它的错误的实质是把主观与客观、理论与实践割裂开来。教条主义是反马克思主义的思想作风，教条主义者不愿做艰苦细微的调查研究工作，脱离实际，脱离群众，用这种思想作风指导革命和建设，曾经给革命和建设造成了严重的危害。教条主义在革命实践中表现为左右摇摆，在政治路线上表现为“左”倾和右倾机会主义。要克服教条主义，必须把马克思主义理论与革命和建设的具体实际结合起来，把马克思主义作为行动的指南。

党员干部干事创业迷信书本和教条、墨守

成规不行，照搬照抄也不行，必须把上级的文件精神、决策部署与所在地区、部门、行业、单位的实际情况结合起来，找准结合点，在不突破底线、不违反原则的前提下，创造性地开展工作。广大党员干部只有不断开拓进取，勇于创新，才能在自己的岗位上交出令人民满意的答卷！

三要澄清迷信经验和常识的误区。所谓经验，一般是指人们在生产、生活、管理、交往、处事过程中所积累的认识和知识。一般源于个体亲身观察到的、体验过的、参与过的并且能够被描述清楚、被回想起或被记录过的感性认识和事件事实。经验仅仅（定性或定量）描述所观察到的某个事实、某个事件、某个事物的表面现象、外在特征，缺乏对事物的本质、事物的内在联系或事物之间关系的认识和概括，所得结论和看法的主观性较强、个体感受的差异性较大。经验通常是与科学（自然科学与社会科学）相对应的，用来表示通过主观描述、主观感受、主观体验、主观参与做出的判断，而不是通过缜密思辨、理性分析、精准计量和严格实验得出的结论和判断。而经验主义是指在观察和处理问题的时候，从狭隘的个人经验出发，不是采取联系的、辩证的、发展的、全面的观点，而是采取孤立的、静止的、片面的观点，在哲学上表现为形而上学的思想认识、处事方法和工作作风。

所谓常识，即社会对同类事物、同类事件、同类现象、同类行为普遍存在的日常共识，是从事各项工作以及进行理论、科学研究所需具备的相关领域内的基础知识。具体来看，常识是指在社会环境中人与人之间普遍存在的日常共识，而无论是社会问题、理论问题或是人与人之间的正常交往、基本交流，都是在基于常识上来做进一步扩展和深入的。常识属于一个矢量，它是随着社会形态的差异、历史发展不同阶段而变化的，现代社会定义的诸多常识不一定适用于传统社会，在某一个圈子、地区、民族、国家流行的常识也不一定适用于其他圈子、地区、民族、国家。

党员干部要立足当前开拓创新，解放思想，转变观念。要进一步打破依赖经验和常识的思维定式，摒弃惯性做法，在自觉传承弘扬优秀传统文化的同时，克服那些陈腐落后的、不合时宜的经验和常识，以解放思想开阔视野、开阔胸襟，以转变观念开辟发展思路、拓展发展空间。要坚持全局观念、联系观点、战略思维，加强调查研究、科学论证，把握运用规律，准确判断形势，注重战略谋划。要抓住主要矛盾和矛盾的主要方面，区分轻重缓急，调动各方力量，创造性开展工作。党员干部要善于在问题、困难与挑战中寻求机遇，凡是有利于发展的事都可去探索、去突破、去创新，以此推进思维、观念、模式、路径、机制的大突破。要敢于创新、率先突破，不能守着政策要政策、机遇当前不作为。凡是不违反国家大政方针和地方法律法规制度的，都可以大胆地试，先干不争论、先试不议论、先做不评论，允许探索中有失误，建立包容审慎的试错容错纠错机制，不允许工作中无行动、无作为，从而激发方方面面的活力和动力。①

总之，党员干部要增强创新意识，就要破除迷信、超越陈规，善于因时制宜、知难而进，“明者因时而变，知者随事而制”，要从根本上打破迷信经验、迷信本本、迷信权威的惯性思维，破除因循守旧、思想僵化、形式主义和无所作为，以敢为人先的锐气，勇于开拓新的方向，在把握事物发展客观规律的基础上实现变革和创新。

---

① 陈明星. 建设中原经济区　努力实现中原梦：要立足当前开拓创新［N］. 河南日报，2013-05-22.

三、要善用开拓创新思维方法

当前，少数党员干部运用唯物辩证、问题导向、系统观点等思维方法的意识和能力还有待加强。当今社会发展日新月异，新现象、新情况、新事物、新问题不断涌现，令人眼花缭乱、目不暇接，每一个党员干部都必须从新的角度看问题、用新的思维想问题、用新的方法解难题。

1. 坚持唯物辩证方法

辩证思维就是承认矛盾、分析矛盾、解决矛盾，善于抓住关键、找准重点，洞察事物发展规律。坚持辩证思维方法，提高辩证思维能力，要求我们客观地而不是主观地、发展地而不是静止地、全面地而不是片面地、系统地而不是零散地、普遍联系地而不是孤立地观察事物、分析问题、解决问题。正确分析矛盾，在对立中把握统一、在统一中把握对立，克服极端化、片面化，善于运用辩证思维谋划经济社会发展。[①]

辩证唯物主义是中国共产党人始终坚持的世界观和方法论，唯物辩证法是中华民族实现伟大复兴征程中应对一切艰难险阻的宝贵经验和制胜法宝。唯物辩证法认为，世界上一切事物都处于普遍联系之中，必须坚持联系的、发展的、全局的观点看问题。一百年来，我们党始终坚持辩证唯物主义和历史唯物主义解决中国社会主要矛盾和突出问题，带领中国人民在革命和建设的进程中，建立了新中国，确立了社会主义政治经济法律文化制度，建立了独立的、完整的工业体系和国民经济体系，使中国人民昂首挺胸、阔步自信地迈向民族伟大复兴

---

① 中共中央宣传部. 习近平新时代中国特色社会主义思想学习纲要［M］. 北京：人民出版社，2019：245.

的新征程。改革开放以来，中国共产党基于对党和国家前途命运的准确研判，基于对社会主义革命和建设实践的经验总结，基于对时代潮流的敏锐洞察，基于对人民群众期盼和需要的深刻体悟，正确认识、深刻把握中国特色社会主义建设道路上的挑战和机遇、风险和契机、危机和转机之间的对立统一关系，不断强化辩证思维，在化解各种重大风险、危机和挑战中，沉着冷静应对各类风险挑战、变局困局，如组织抗洪抢险、地震救灾、战胜非典、抗击新冠肺炎疫情等，提升了应对重大风险挑战和开拓创新的能力。[①] 当前，中国特色社会主义发展进入新时代，我国社会各种利益关系、利益格局、利益分化、利益叠加、利益冲突错综复杂，统筹解决社会各种矛盾和问题，最大限度维护广大人民群众的根本利益、基本权益，就更加需

① 孙兰英. 新发展阶段实现民族复兴伟业的理念和方法［J］. 思想教育研究，2021（10）：22.

要坚持好和运用好马克思主义的思想、理论、观点、方法，特别是要更加自觉地坚持和运用辩证唯物主义世界观和方法论。当前，党员干部要深入学习、深刻把握和自觉运用习近平总书记倡导的“战略辩证”思维方法，在事关发展安全稳定战略全局中善于进行前瞻性思考、规律性提升、战略性谋划、整体性推进，在承认矛盾、分析矛盾、解决矛盾的过程中，善于处理局部和全局、特殊和一般、当前和长远、重点和非重点的关系，在权衡利弊中趋利避害、扬长避短，做出最为有利的战略抉择。①

2. 坚持战略思维方法

战略问题是一个政党、一个国家的根本性问题。当今时代风云变幻，机遇和挑战并存，最需要的就是战略思维和战略定力，始终坚持

---

① 孙兰英. 新发展阶段实现民族复兴伟业的理念和方法[J]. 思想教育研究，2021（10）：24.

科学战略思维和保持强大战略定力，在战略上判断准确、谋划科学、赢得主动，党和人民事业就会立于不败之地。否则就容易出现心理上患得患失，行动上犹豫不决，决策上摇摆不定，错失发展机遇。[1]

战略思维，就是高瞻远瞩、统揽全局，善于把握事物发展总体趋势和方向的方法与能力。坚持战略思维，要以小见大、见微知著，站在时代前沿和战略全局的高度观察、思考和处理问题，从政治上认识和判断形势，透过纷繁复杂的表面现象把握事物的本质和发展的内在规律，在解决突出问题中实现战略突破，在把握战略全局中推进各项工作。[2] 战略思维是每个党员干部都应该掌握和坚持的思维方法，坚持战略思维方法，党员干部要观大势、抓全局、谋

① 中共中央宣传部. 习近平新时代中国特色社会主义思想学习纲要［M］. 北京：人民出版社，2019：246.

② 中共中央宣传部. 习近平新时代中国特色社会主义思想学习纲要［M］. 北京：人民出版社，2019：244.

大事、找重点、寻突破。要保持思想敏锐、头脑清醒、放眼长远、多谋善断、化繁为简、举要驭繁，善于洞察知悉国内外发展大势，善于把握国际国内两个大局的紧密关系，联系地、辩证地看待中国和世界的发展趋势，善于从全局上思考问题，善于在关键时刻做出事关党和国家事业长远发展、事关社会主义前途命运的重大战略决策。党员干部要具有“既放眼世界、放眼未来，又立足当前、立足全面”的世界眼光、远见卓识和战略思维，善于抓住关键、突出重点、突破难点、纲举目张，站在世界前端、时代前沿观察思考问题，把党和人民事业放到历史长河和全球视野中来谋划，以小见大、见微知著、由近及远，在解决突出问题中实现战略突破，在把握战略全局中推进各项工作。①

---

① 曲青山．缅怀　学习　继承：学习习近平总书记在纪念邓小平同志诞辰 110 周年座谈会上的重要讲话［N］．光明日报，2014-10-03．

3. 坚持问题导向方法

党员干部要坚持问题导向的思维方法。应当肯定，大多数党员干部问题意识是强的，解决问题的态度是主动的、积极的，但也有一些党员干部问题意识淡薄。有的忽视问题，对矛盾熟视无睹，一旦遇到问题，往往惊慌失措；有的回避问题、逃避问题，搞鸵鸟政策、选择性失明，把一些程度较轻，本应及时解决的问题拖成了老大难、顽症“绝症”；有的不注重解决问题，空谈理论、夸夸其谈，真正遇到棘手问题就捉襟见肘、一筹莫展，这些都严重影响着各项工作的推进，影响着改革发展稳定任务的落实。淡漠问题就是最大的问题，没有忧患就是最大的忧患。现在，多数党员干部能够听取下面意见，并以此作为总结经验、改进工作、转变作风、克服不足的动力。但是，也有少数党员干部面对矛盾、对待问题的态度是“犹抱琵琶半遮面”，遇事“装睡”“打盹”，只讲成绩、避谈问题，或是多讲成绩、少讲问题，甚至只准报喜、不许报忧，对问题和矛盾围追堵截、层层截留、大事化小、小事化了；个别党员干部一听到反映本部门本单位的问题就心怀不满，认为他人有意挑刺、为难自己，从而愤怒记恨；对报忧的同志、指出问题者横加指责、态度粗暴、恶语相向、施加压力。如此等等，谁还敢讲实情，谁还敢提问题，谁还敢说真话？

坚持开拓创新，就要把脉治病，确立解决问题的导向。只有在实践中发现问题、研究问题、剖析问题、解决问题，才能实现科学发展、可持续发展、高质量发展。坚持问题意识、树立问题导向、解答时代问题，是马克思主义理论创新发展的需要，也是我们立足新时代中国国情、开启全面建设社会主义现代化国家新征程的金钥匙。[1] 习近平总书记指出："问题是创新的起点，也是创新的动力源。"要有强烈的问题意识，以重大问题为导向，抓住关键问题进一步研究思考，着力推动解决我国发展面临的一系列突出矛盾和问题。要坚持问题导向，坚持底线思维，把问题作为研究制定政策的起点，把工作的着力点放在解决最突出的矛盾和问题上。这些重要论述、观点强调了开拓创新要以问题为导向，彰显出强烈的"问题意识"。开拓创新必须通过发现问题、筛选问题、研究问题、分析问题、解决问题，不断推动中国特色社会主义事业发展进步。[2]

党员干部必须坚持问题导向，切实增强发现问题的敏锐、正视问题的清醒、解决问题的自觉。人类认识世界、改造世界的过程，就是

---

① 孙兰英. 新发展阶段实现民族复兴伟业的理念和方法［J］. 思想教育研究，2021（10）：22-26.

② 王刚. 深刻理解创新思维［N］. 光明日报，2019-07-16（06）.

一个发现问题、认识问题、解决问题的过程。毛泽东同志指出，问题就是事物的矛盾，哪里有没有解决的矛盾，哪里就有问题。实践发展永不停息，矛盾运动永不停息，旧的问题解决了，又会产生新的问题。问题是时代的声音，每个时代总有属于它自己的独特问题，只有树立强烈的问题意识，才能实事求是地对待问题，才能找到引领时代进步的路标。增强问题意识符合马克思主义认识论和辩证法，是贯彻党的思想路线的具体体现。中国共产党有强烈的问题导向意识，有非凡的问题分析能力，有巨大的解决问题的勇气。如新民主主义革命时期，党深刻认识到我国社会面临的主要问题（主要矛盾、主要任务）是反对帝国主义、封建主义、官僚资本主义，争取民族独立、人民解放。社会主义革命和建设时期，党深刻认识到我国社会面临的主要任务是，实现从新民主主义到社会主义的转变，进行社会主义革命，推进社会主义建设。改革开放和社会主义现代化建设新时期，党深刻认识到我国社会面临的主要任务是，继续探索中国建设社会主义的正确道路，解放和发展社会生产力，使人民摆脱贫困、尽快富裕起来。党的十八大以来，中国特色社会主义进入新时代，党深刻认识到我国社会面临的主要任务是，实现第一个百年奋斗目标，开启实现第二个百年奋斗目标新征程，朝着实现中华民族伟大复兴的宏伟目标继续前进。①

习近平总书记指出，我们中国共产党人干革命、搞建设、抓改革，从来都是为了解决中国的现实问题。强化问题意识、坚持问题导向，是中国共产党治国理政的鲜明特色，是求发展、谋布局、作决策、抓工作的科学方法。导向就是方向，坚持问题导向、目标导向、结果导向，

① 本书编写组.《中共中央关于党的百年奋斗重大成就和历史经验的决议》辅导读本［M］. 北京：人民出版社，2021：17-35.

最重要、最基础的是问题导向，抓住问题就牵住了发展的“牛鼻子”，就能以问题导向打破工作中的瓶颈，补齐发展中的短板，目标和结果就能落实。成绩不说跑不了，问题不讲不得了。无视问题、淡漠问题、回避问题，对存在的问题不严加防范、不防微杜渐、不及时整治，久而久之，就会积重难返，小问题就会酿成大问题、小管涌就会沦为大塌方。

坚持问题导向是习近平新时代中国特色社会主义思想的内在要求和实践要求。预判风险所在是防范风险的前提，把握风险走向是谋求战略主动的关键。党员干部必须清醒地意识到，中华民族伟大复兴，绝不是轻轻松松、敲锣打鼓就能实现的。全体党员干部必须准备付出更为艰巨、更为艰苦的努力。中国特色社会主义进入新时代，我国正处于一个大有可为的历史机遇期，发展形势总体上是好的，大局是稳定的，但我们面临的风险也是多方面的，有内部风险，也有外部风险，有一般风险，也有重大风险。用习近平新时代中国特色社会主义思想引领新时代新实践，必须坚持用全局的眼光审视现实中的问题、矛盾和挑战，用创新的办法、方式、模式破解长期解决不了的难题；必须时刻保持清醒头脑，越是发展顺利的时候，越要有如履薄冰的谨慎，决不能犯战略性、方向性、根本性、颠覆性错误。党员干部既要充分了解党和国家面临的重大风险挑战，又要充分把握本地区本部门本单位工作面临的风险挑战，切实做好各项防范工作，决不能因为成功而骄傲，决不能因为成就而懈怠，决不能因为问题而退缩。① 党员干部干事创业就是要解决问题以实现美好愿景的，有没有解决问题的责任担当，是对党员干部的最好检验。共产党人是彻底的唯物主义者，勇于直面问题、透彻分析问题、善

① 国防大学习近平新时代中国特色社会主义思想研究中心．坚持问题导向［J］．求是，2018（5）．

于解决问题是应有的自信，是有力量的表现。各级党员干部要弘扬忠诚干净担当精神，以解决问题为己任，在解决问题中集聚事业发展的正能量。

4. 坚持系统观念方法

习近平总书记指出，创新是一个系统工程。强调创新思维的系统性，包含经济、政治、文化、社会、生态、党建、外交等众多领域，是一项相互联系、相互作用的系统工程。[①] 党的十九届五中全会明确提出，坚持系统观念，要加强前瞻性思考、全局性谋划、战略性布局、整体性推进，实现发展质量、结构、规模、速度、效益、安全相统一。[②] 管理学上的系统，是指由

---

① 王刚. 深刻理解创新思维［N］. 光明日报，2019-07-16(06).

② 本书编写组.《中共中央关于制定国民经济和社会发展第十四个五年规划和二〇三五年远景目标的建议》辅导读本［M］. 北京：人民出版社，2020：22.

诸多相互联系、相互作用、相互支持、相互制约的要素按某些特定方式组成的有机体，系统具有整体统一性、层次结构性、协同调和性、动态过程性、开放交流性等特征。坚持系统观念，就是要用系统观点和方法考察和认知表象为随机性、变动性、非均衡性的纷繁复杂事物，辩证地、联系地、全面地、动态地把握事物发展变化的本质性和规律性，协调推进经济社会高质量发展。

坚持系统观念要求从整体统一性上认识事物，系统由诸多联系紧密、不可分割的部分组成；整体功能不是部分功能的简单相加，具有非加和性明显特征；整体对部分具有规制性和约束性，呈现出完整统一的质的稳定性。坚持系统观念要求从层次结构性上认识事物，系统是由若干要素按一定秩序、比例和组合方式呈现出来的结构层次性存在，具有层级顺序等级式的组织化特征。层次不同，其结构、性质、功能就会有差异。坚持系统观念要求从协同调和性上认识事物，系统诸多要素在应对环境挑战中协调合作、聚集调整，为系统持续发展、有序演进提供内在驱动力，使系统能够保持稳定性、包容性或有机性。坚持系统观念要求从动态过程性上认识事物，系统内部要素之间、系统与外部环境之间相互作用、相互制约、相互适应，使系统随着时间的推移而不断发展和演进。

党员干部还要培养发散性思维能力。发散思维又称创造性思维、求异思维，是沿着不同方向、不同层级、不同角度、全方位、多层次地寻找解决问题答案的一种思维方式。一般具有反向思维、侧向思维和多向思维三种形式。具备这一思维能力，对培养党员干部的开拓创新能力无疑如虎添翼。

继续推进中华民族复兴的伟大事业，需要我们进一步强化行动自觉，坚持实事求是、与时俱进，打破陈旧的思维定势和条条框框的束缚，增强辩证思维、战略思维、系统思维能力，切实尊重和激发人民群众的首创精神。广大党员干部要争做勇立潮头的实干家，把新发展理念切实体现到政策制定、工作安排、任务落实上，体现在经济社会发展各领域各行业各环节中，顺应时代潮流，回应人民要求，勇于推进改革，努力在危机中育先机、于变局中开新局。[①]

① 经济日报评论员. 在开拓创新中夺取更大胜利：论学习贯彻党的十九届六中全会精神［N］. 经济日报，2021-11-19.

第五章

在开拓创新中创造新的伟大奇迹

习近平总书记指出：“以数千年大历史观之，变革和开放总体上是中国的历史常态。”中华民族是富有开拓创新精神的伟大民族，开拓创新精神是中华民族的鲜明禀赋。走进新时代，全党全军全国各族人民，在以习近平同志为核心的党中央领导下，在习近平新时代中国特色社会主义思想的指导下，坚持锐意进取，奋斗不息，完成了从富起来到强起来的伟大飞跃。未来，开拓创新仍然是实现第二个百年奋斗目标的重要法宝，党和政府将以准确识变的智慧、科学应变的态度、主动求变的勇气再创中国奇迹。

一、努力做到准确识变、科学应变、主动求变

中国共产党的百年奋斗历史，总的来说，就是一部在不断变革中的成长史。《中共中央关于党的百年奋斗重大成就和历史经验的决议》明确指出："只要我们顺应时代潮流，回应人民要求，勇于推进改革，准确识变、科学应变、主动求变，永不僵化、永不停滞，就一定能够创造出更多令人刮目相看的人间奇迹。"① 准确识变、科学应变、主动求变体现了马克思主义哲学的实践观点。实践决定认识，认识对实践具有反作用，要求我们在充分肯定改革成绩的同时，也要清醒地看到存在的问题和困难，根据时

① 本书编写组.《中共中央关于党的百年奋斗重大成就和历史经验的决议》辅导读本［M］. 北京：人民出版社，2021：78.

代变化和实践发展，不断深化认识。在坚决贯彻党中央决策部署的同时，发挥主观能动性，结合实际，创造性开展工作，打好改革组合拳。①

1. 善于准确识变

当今世界处于百年未有之大变局中，又因受到逆全球化思潮、新冠肺炎疫情等影响，我国经济发展面临更大挑战。我们要在变局中准确把握新发展方向，形成以国内大循环为主体、国内国际双循环相互促进的新发展格局，实现高质量发展，就必须用准确的眼光辨识变局之方向，坚持供给侧结构性改革，扭住扩大内需的基点，推进科技创新、进一步深化改革、扩大对外合作，绘就中长期发展的新蓝图。

一是要懂得见微知著。重视形势分析，对

---

① 张希贤. 每日一习话：准确识变 科学应变 主动求变［EB/OL］.［2020-07-05］. https：//m. gmw. cn/baijia/2020-07/05/33967145. html.

形势发展变化作出科学判断，制定方针、描绘蓝图、抓好落实才有依据。我们要学会拿起马克思主义的望远镜和显微镜，以辩证、全面、发展的眼光看待万事万物，透过现象看清本质，准确把握变与不变的辩证关系以及质与量的互变规律，从纷繁复杂的局势中把握规律、认清大势。①

二是要重视客观评价。在分析变化的时候，一定要尽量发挥实事求是的精神，对变化的现象和本质进行客观评价。如，分清楚变化本身是量变还是质变，是形式上变异还是内容上变质，是短期性波动还是长期性、趋势性变化，是周期性变化还是结构性变化，是主要矛盾发生变化还是次要矛盾发生变化，综合分析事物变化的原因以及可能产生的后果，切忌在分析变化的过程中被主观情绪左右或者被舆论等外

---

① 武晓晨．准确识变　科学应变　主动求变［N］．学习时报，2020-04-24.

部情绪裹挟，或者夹杂个人利益导向等情况发生。

三是要辩证看待变化。既看到变，又看到不变，既看到变局之中有危，又看到变局之中有机；既深刻认识当今世界正在经历百年未有之大变局，又清醒认识到和平与发展仍然是当今时代主题；既深刻认识到单边主义、保护主义抬头、不断有新的表现，多边主义和自由贸易体制受到冲击，又清醒认识到各国利益交融、命运与共、相互依存加深，经济全球化大潮不可逆转；既深刻认识到我国经济发展进入新常态，经济运行稳中有变、变中有忧，经济下行压力加大，新冠肺炎疫情不可避免会对经济社会造成较大冲击，又清醒认识到我国经济长期向好的基本面和内在向上的趋势没有改变。[①]

四是要全面系统地分析变化。准确识变是

---

① 武晓晨. 准确识变　科学应变　主动求变［N］学习时报，2020-04-24.

科学应变的前提，但是对形势的准确把握，离不开系统全面的思维。要善于把局部的问题放到全局中去看，把现实的问题放到历史中去看，把具体的问题放到系统中去看。片面孤立僵化的思维都会导致对问题的把握失真。习近平总书记多次指出，当今世界正经历百年未有之大变局，面对新形势，我们必须统筹国内国际两个大局，不断夯实自身发展基础，坚持“五位一体”总体布局和“四个全面”战略布局，不断把社会主义伟大事业的发展向纵深推进。

2. 全面科学应变

对形势发展变化作出科学判断是前提，全面科学应变是关键。面对中长期发展的机遇和挑战，党员干部要从国情和实践出发，深入调研，把握规律，用实践丰富理论，用理论指引实践，科学应对变局，让发展之路走得更长久。这就要求广大党员干部在工作中不仅要勇于开

“顶风船”，更要用科学的“船舵”把握航行的方向，扬起科学的“帆”，使发展的“船”行稳致远。

一是要坚持高质量发展，加快形成以国内大循环为主体、国内国际双循环相互促进的新发展格局。当前和今后一段时期，受疫情蔓延和全球经济发展格局调整的影响，我国过去严重依赖出口的发展路径已经成为过去。我国具有全球最完整、规模最大的工业体系，强大的生产能力和完善的配套能力，拥有 1 亿多市场主体和 1.7 亿多受过高等教育或拥有各类专业技能的人才，还有包括 4 亿多中等收入群体在内的 14 亿人口所形成的超大规模内需市场，正处于新型工业化、信息化、城镇化、农业现代化快速发展阶段，投资需求潜力巨大。① 未来，必须以国内大循环为主体，打造更高水平的国

① 王伟光. 准确识变　科学应变　主动求变［N］. 人民日报，2020-09-25.

内经济发展生态；同时，以外循环发展为助力，培育国际合作竞争的新优势。

二是要防范化解各类系统性风险。新冠肺炎疫情爆发以来，国内外各种风险矛盾不断叠加，习近平总书记指出：“要时刻准备应对重大挑战、抵御重大风险、克服重大阻力、解决重大矛盾，坚持和发展中国特色社会主义，坚持和巩固党的领导地位和执政地位，使我们的党、我们的国家、我们的人民永远立于不败之地。”科学应变要特别注意防范化解各类系统性风险。面对前进道路上的各种风险挑战，必须始终保持高度警惕，既要高度警惕“黑天鹅”事件，也要防范“灰犀牛”事件；既要有防范风险的先手，也要有应对和化解风险挑战的高招；既要打好防范和抵御风险的有准备之战，也要打好化险为夷、转危为机的战略主动战。

三是要牢牢把握共同富裕的总体目标。习近平同志在《求是》发文指出：适应我国社会主要矛盾的变化，更好满足人民日益增长的美好生活需要，必须把促进全体人民共同富裕作为为人民谋幸福的着力点，不断夯实党长期执政基础。必须清醒认识到，我国发展不平衡不充分的问题仍然突出，城乡区域发展和收入分配差距较大。2021 年以来，国家在教育、房地产、娱乐等行业进行了大刀阔斧的改革，就是为了打破行业垄断，消除过大差距，为推进共同富裕扫清障碍。政府不断加强对房地产行业的调控，强调房住不炒，严格控制房地产金融化趋势，让房子回归居住属性，从制度上遏制房地产企业高周转的发展模式和扩张冲动，加快保障房等的建设，全面科学应对发展当中积累的不利因素，为共同富裕打好基础。今后的科学应变，也应继续把握共同富裕的总体要求。

3. 积极主动求变

党的十八大以来，改革进入攻坚期和深水区，以习近平同志为核心的党中央以巨大政治勇气和主动求变的精神推进全面深化改革，以自我革命的勇气革除制约和束缚发展的深层次弊端，在重要领域和关键环节取得决定性成果，激发了发展动力，释放了发展活力。面对前进道路上层出不穷的新情况新问题，在准确识变和科学应变的基础上，党和人民更加需要积极主动求变，在新一轮科技革命和产业变革重构全球创新版图、重塑全球经济结构的关键时期，需进一步解放思想、转变观念，坚持新发展理念，坚持推动高质量发展，坚持以供给侧结构性改革为主线，把发展的强大动力和内需的巨大潜力释放出来，以转变经济发展方式的主动、优化升级经济结构的主动、深化改革开放的主动，赢得在经济发展上的主动和国际竞争中的主动。

一是要防祸于未萌。《中共中央关于党的百年奋斗重大成就和历史经验的决议》指出，我们面临着“长期执政考验、改革开放考验、市场经济考验、外部环境考验，精神懈怠的危险、能力不足的危险、脱离群众的危险、消极腐败的危险”等。在诸多的考验和危险面前，要想做到防患于未然，必须依靠积极主动求变。如党的十八大以来，党中央以巨大的政治勇气推进反腐工程，“老虎”“苍蝇”一起打，为营造风清气正的政治生态做了巨大的贡献。

二是要防患于将来。2020 年 11 月 3 日，习近平总书记在《中共中央关于制定国民经济和社会发展第十四个五年规划和二〇三五年远景目标的建议》的说明中指出：“当前和今后一个时期是我国各类矛盾和风险易发期，各种可以预见和难以预见的风险因素明显增多。我们必须坚持统筹发展和安全，增强机遇意识和风险意识，树立底线思维，把困难估计得更充分一些，把风险思考得更深入一些，注重堵漏洞、强弱项，下好先手棋、打好主动仗，有效防范化解各类风险挑战，确保社会主义现代化事业顺利推进。”

二、永不僵化，营造开拓创新良好氛围

开拓创新工作和传统的照搬经验最大的不同，就是需要极大地发挥主观能动性。因此，营造永不僵化的氛围对开拓创新的影响极为重要。要通过建立容错纠错机制、开放多种沟通渠道、增强正确舆论导向、弘扬文化精神力量等各种手段和方式，提升党员领导干部的开拓创新精神。

1. 引领正确的舆论导向

习近平总书记在全国宣传思想工作会议上强调，要把握正确舆论导向，提高新闻舆论传播力、引导力、影响力、公信力，巩固壮大主流思想舆论。营造永不僵化的创新氛围，离不开舆论的正确引导，特别是在面对新形势、新任务、新机遇、新挑战的情况下，我们更要充分认识舆论宣传和新闻工作的重要地位与作用，进一步提高舆论引导水平。

首先，要坚持马克思主义新闻观的正确指导。新闻观是新闻舆论工作的灵魂。马克思主义新闻观是马克思主义立场、观点、方法在新闻舆论工作中的根本体现，是党的新闻思想之源和根，是做好党的新闻舆论工作的“定盘星”。要坚持实事求是与唯物辩证思维，一方面，要客观实际地把建党以来党带领全国各族人民开拓创新的事实和精神以各种宣传手段和舆论工具充分地表达出来，激发人民群众的创新热情与奋斗动力；另一方面，也要真实有效地反映国际国内创新形势，避免“低级红”和“高级黑”。

其次，要注意运用多种宣传工具。进入新时代以来，随着网络技术的不断发展，新闻媒体的主战场已经从传统的报纸电视广播转移到了网络。微信、微博、抖音、今日头条、B站等更受年轻人和知识分子喜爱的媒体平台，成为舆论宣传的主要通道。传播的方式，也由原来的文字为主，改为音频、视频和短视频为主，更加强化了舆论对人们意识形态的影响力。宣传工具的多样化，一方面给我们的舆论宣传带来更多可选择的空间，但另一方面也增加了舆论引领的难度，特别是网络背后的算法工具对舆论形成的叠加效应更加需要引起高度重视。

最后，要营造风清气正的舆论环境。近年来，随着党和政府同广大人民群众一道不断努力，风清气正的网络环境正在形成。但是，随着全媒体不断发展，出现了全程媒体、全息媒体、全员媒体、全效媒体，舆论生态、媒体格局、传播方式发生着深刻变化。在“人人都有麦克风”的全媒体时代，如何提升舆论引导水平，是做好舆论导向引领工作的重大课题。这就要求广大新闻舆论工作者坚持党性原则，积极传递党的声音，全力构建网上网下一体、内宣外宣联动的主流舆论格局，尽可能过滤网络杂音，特别是对刻意的诋毁或者随意的情绪宣泄，要建立防火墙机制，避免因为个别事件处理不到位、不及时而引发流量危机、影响创新发展大业。

2. 建立充分的容错机制

习近平总书记指出，干事业总是有风险的，不能期望每一项工作只成功不失败。在改革进入攻坚期和深水区的今天，面对改革创新中的失误错误，需要允许试错、宽容失败，旗帜鲜明为担当作为者撑腰鼓劲。2018 年，中共中央办公厅印发了《关于进一步激励广大干部新时代新担当新作为的意见》（以下简称《意见》），就是要解决相关职能部门不敢为干部担当、不善为干部负责、不愿为干部撑腰的问题。

《意见》出台以后，各地各部门结合实际制定完善了容错纠错机制，按照习近平总书记提出的“三个区分开来”要求，妥善把握事业为上、实事求是、依纪依法、容纠并举等“四个原则”，让多干事、想干事、善干事的干部放下思想包袱、轻装上阵。

首先，要提升“一把手”的担当。在实际操作中，一个地方或者一个部门的领导干部，特别是“一把手”，要以干事创业作为各项工作开展的鲜明导向，以敢于担当负责的精神，鼓励广大党员干部大胆探索、勇于创新，为那些干得多的干部鼓劲加油，对犯错失误的干部及时澄清，保护其积极性。各级党委（党组）及纪检监察机关、组织部门等相关职能部门在启动对干部的问责追责程序时，应同步考虑是否存在容错情形、是否符合容错条件。要结合动机态度、客观条件、程序方法、性质程度、后果影响以及挽回损失等“六个要件”，对干部的失误错误进行综合分析，对符合容错情形、可以免责的予以免责，对符合容错情形、确需追责的可依纪依规从轻或减轻处理，对不符合容错情形的予以说明。

其次，要注意在容错中纠错。要坚持有错必纠、有过必改，对苗头性、倾向性问题早发现早纠正，对失误错误及时采取补救措施，帮助干部汲取教训、改进提高。做出容错免责决定时，要提出纠错要求，责令限期整改。对整改不力或拒不整改的，按有关规定予以问责。同时，被组织上给予容错的干部，务必要端正态度，深刻反思自己的失误或错误，从中发现不足、总结教训，并以此为鉴，提升能力。

最后，要注意区分错误性质。《意见》的出台，旨在为敢干的人“开绿灯”，为敢闯的人“兜住底”，但同时也要注意，宽容不是纵容，保护不是庇护，对违纪违法行为必须严肃查处，防止混淆问题性质，拿容错当“保护伞”、搞纪律“松绑”，确保容错在纪律红线、法律底线内进行。当敢于担当的干部遭到举报，有关部门一定要深查深究，如果是别人的造谣诽谤、中伤诬告，决不能任由谣言和非议扩散蔓延，但如果举报内容属实，相关人员确实存在违纪违法事实，损害了人民群众的利益或者妨碍了改革事业的推进，则应严肃查处，绝不姑息。

3. 发扬创新的文化传统

永不僵化的创新氛围，需要文化精神力量的不断引领。中华传统文化的精神谱系，为我们党和国家的事业提供了强大的力量之源。但客观来说，五四运动以来很长一段时间，特别是在“破四旧，立四新”的运动中，我国传统文化的教育与传承出现了一个较大的断层，改革开放后一些人对西方的盲目崇拜也对传统文化的保护和继承造成不利影响。但是，任何国家的发展进步都离不开对优秀传统文化的继承与弘扬。在新时代，进一步弘扬中国传统文化精神，是开拓创新事业中不可或缺的重要助力。

一是要学懂悟透传统文化中的创新思维，更好地支持开拓创新事业。《周易·系辞下》中有云：“易穷则变，变则通，通则久。”“变则通”，就是说要通过不断变化、通过创新来实现通达，这才是长久之道。《道德经》中指出：“古之善为士者，微妙玄通，深不可识。”这句话就是告诉我们，认识把握规律的过程，是深不可测的。这个过程，又可称为悟道，与儒学讲的格物致知，也就是与研究事物深化认知的意思相近。领悟与探求客观事物内在规律，是优秀的士者、道者（学者）的本能，同时也是创新的必经之路。

二是要引领党员领导干部加强对传统文化的学习。习近平总书记2014年9月9日与北京师范大学与师生座谈时表示，他很不赞成把古代经典的诗词和散文从课本中去掉，加入一堆什么西方的东西，“去中国化”是很悲哀的。习近平总书记的讲话对中国传统文化中的经典诗句信手拈来，带给我们很多的精神滋养。党员领导干部也应加强对传统文化的学习，在文化中寻根，在文化中探宝，让文化的力量影响内在的世界观、人生观和价值观，从而焕发干事创业、开拓创新的激情。

三是要加强实际工作中的践行。《中庸》指出，研习学问不能仅仅停留在书本知识的学习中，而是要“博学之，审问之，慎思之，明辨之，笃行之”。这就告诉我们，学只是起点，唯有真正践行才是真学真知。当前，很多人对传统文化的学习存在错误认识，把文化当成装点门面或者是显示自己博学的工具，却没有把传统文化中的精神力量真正践行出来，创新文化沦为了贴在墙上的标语和口号，这都是发扬创新的文化精神过程中需要普遍注意和杜绝的现象。

总之，要发扬创新的文化传统，需要通过不断的学习和实践，来培养创新思维，助力形成良好的创新氛围，并最终为坚持创新发展提供重要力量。

4. 主动提升沟通的品质

营造永不僵化的创新氛围，离不开沟通渠道的畅通和沟通品质的提升。随着改革事业不断推进，很多深层次矛盾叠加，在开拓创新的过程中，更加需要注重构建新型沟通文化，建立各种沟通机制，了解各个方面的需求与意志，舒缓事业推进中的矛盾，有助于创新思路的打开。

首先，要注重沟通文化的建设。沟通文化建设是提升沟通品质的重要内容。中国人传统的沟通习惯，不太善于直接表达需要，表达方式常常比较含蓄，需要沟通对象自己揣摩弦外之音。这样的沟通文化，严重阻碍了沟通的有效性和高效性。随着国民受教育程度的普遍提升和开拓创新事业的不断推进，“实事求是、坦诚开放”的沟通文化亟待建立。从沟通内容上说，要从仅仅关注自身需要转移到既关注自身需要，也要关注对方需要；从沟通的方式上说，要善于营造和谐的沟通氛围，在沟通出现分歧的时候，要注意将情绪化的或者坚持自我正确的表达转变为平静的专注于沟通目标达成的表达等。

其次，要注重沟通机制的建设。良好的沟通文化要依靠沟通机制作为落实的保障。一是要建立定期沟通、乐于分享的机制。在工作中，各个部门在开拓创新中会有很多的经验和教训，应建立定期沟通的机制，促进大家积极分享，总结经验吸取教训，使得开拓创新的事业更加高效地向前推进。二是通过非正式组织促进沟通交流。创新能力的建设，需要激发大家的主观能动性，因此可以通过在正式组织之外建立非正式组织的方式，让大家在一种轻松愉悦的环境中促进团队成员之间的交流。

最后，要建立多种沟通渠道。沟通渠道的畅通对沟通品质提升至关重要。如可以建立正式沟通渠道，也可以建立非正式的沟通渠道；可以建立口头交流的沟通，也可以建立书面沟通的渠道等。当然，随着多种沟通渠道的开放，还要注重保护知识产权。一个创新主体不断扩大、创新意愿不断增强、创新举措不断涌现的社会，必定是创新成果受到尊重、受到保护的社会。特别是要加强知识产权制度建设，大力提高知识产权创造、管理、保护、运用的能力。

完善知识产权法律法规体系，依法严厉打击和有效遏制侵犯知识产权的违法犯罪行为，为鼓励自主创新和维护权利人合法权益提供有力的法治保障。

三、永不停滞，提升开拓创新能力

1. 以人民为中心激发创新动力

习近平总书记说："人民对美好生活的向往，就是我们的奋斗目标。"党的十九届六中全会强调，全党必须永远保持同人民群众的血肉联系，践行以人民为中心的发展思想，不断实现好、维护好、发展好最广大人民根本利益，团结带领全国各族人民不断为美好生活而奋斗。事实上，坚持以人民为中心，也是我们干事创业、开拓创新的不竭动力。

我们党作为一个马克思主义政党，其根本

宗旨就是全心全意为人民服务。中国共产党带领全国各族人民把握历史发展大势，奋发有为，开拓创新，始终坚持以人民为中心，发挥人民主体作用，激发人民创新伟力，不断推进理论和实践创新。

马克思在《1844 年经济学哲学手稿》中指出，共产主义是对私有财产即人的自我异化的积极的扬弃，因而是通过人并且为了人而对人的本质的真正占有；因此，它是人向自身，也就是向社会的即合乎人性的人的复归，这种复归是完全的复归，是自觉实现并在以往发展的全部财富的范围内实现的复归。这种共产主义，作为完成了的自然主义，等同于人道主义，而作为完成了的人道主义，等同于自然主义，它是人和自然界之间、人和人之间的矛盾的真正解决，是存在和本质，对象化和自我确证，自由和必然，个体和类之间的斗争的真正解决。①

在马克思看来，我们今天的劳动并不是为了行使作为人的自由意志，而是为了获取物质，劳动的异化造成了人的异化，这种异化在私有制社会中被不断强化，从而使得这个社会变成了物的社会而不是人的社会。因此为了真正达到人的自由，就应当通过劳动的复归，也即恢复劳动作为自由的生命活动，而实现对人的本性的全面占有，从而把人类从物的社会中解放出来实现人的社会。开拓创新的活动，更是人类通过劳动实现其自由意志的重要方式，因此，正确理解了创新的意义，自然就会激发全社会创新的动力。

通过对马克思经典理论的深入学习，“我们已经看到，在被积极扬弃的私有财产的前提下，人如何生产人——他自己和别人；直接体现他

① 马克思. 1844 年经济学哲学手稿［M］. 北京：人民出版社，2014：77-78.

的个性的对象如何是他自己为别人的存在，同时是这个别人的存在，而且也是这个别人为他的存在。”站在这个角度，以人民为中心也不再仅仅是政治上或者是道德上的外部要求，而是人实现全面自由发展的内生的需要。基于这样的需要，坚持以人民为中心的发展方向，以开拓创新的精神不断砥砺前行，必然会在全社会激发创新发展的动力。

与此同时，坚持以人民为中心，激发全社会发展动力，还要坚持党建引领，充分发挥党员先锋模范作用和党组织战斗堡垒作用，提升党组织领导力、执行力，为培育全社会创新发展风气提供正向引领。

2. 注重社会协同形成创新合力

随着改革开放和社会主义市场经济的发展，我国出现了社会阶层分化、社会关系多样、社会利益多元的现象，单靠某一种社会力量，难以处理好我国在快速推进现代化进程中面临的诸多社会问题，难以治理好我国处在急剧变革中的社会，难以解决好各种风险和挑战。要想永不停滞地保持开拓创新，必须注重社会协同，以“党委领导、政府负责、民主协商、社会协同、公众参与、法治保障、科技支撑”为原则，发挥各方优势，让机构、人才、装置、资金、项目充分活跃起来，形成推进全社会创新发展的强大合力。

一是着力推动科技创新与经济社会发展紧密结合。关键是要处理好政府和市场的关系，通过深化改革，进一步打通科技和经济社会发展之间的通道，让市场真正成为配置创新资源的力量，让企业真正成为技术创新的主体。政府在关系国计民生和产业命脉的领域要积极作为，加强支持和协调，总体确定技术方向和路线，用好国家科技重大专项和重大工程等抓手，集中力量抢占制高点。

二是要着力完善人才发展机制。要用好用活人才，建立更为灵活的人才管理机制，打通人才流动、使用、发挥作用中的体制机制障碍，最大限度支持和帮助科技人员创新创业。要深化教育改革，推进素质教育，创新教育方法，提高人才培养质量，努力形成有利于创新人才成长的育人环境。要积极引进海外优秀人才，制定更加积极的国际人才引进计划，吸引更多海外创新人才到我国工作。

三是要着力营造良好政策环境。要加大政府科技投入力度，引导企业和社会增加研发投入，加强知识产权保护工作，完善推动企业技术创新的税收政策，加大资本市场对科技型企业的支持力度。

四是着力扩大科技开放合作。要深化国际交流合作，充分利用全球创新资源，在更高起点上推进自主创新，并同国际科技界携手努力为应对全球共同挑战做出应有贡献。

3. 破除体制障碍释放创新活力

“吾心信其可行，则移山填海之难，终有成功之日；吾心信其不可行，则反掌折枝之易，亦无收效之期也。”创新从来都是九死一生，但我们除了有“亦余心之所善兮，虽九死其犹未悔”的豪情之外，还要着力破除影响创新发展的体制机制障碍，激发全社会的创新活力。我国在20世纪90年代进行的第二轮创新体制改革，推动部分应用类科研院所转制为企业，促进了国家创新体系建设。在当前新一轮创新体制改革中，宏观层面创新驱动发展战略的顶层设计、科技资源配置、科技计划组织方式等改革正在逐步展开，微观层面的科研项目、经费管理和科技评估等改革也在有序推进。但在中观层面上，科研院所科研组织模式、资源配置方式、科技评价等方面的治理结构和体制机制，依然没有根本性改变，制约了创新活力和能力提升。如果不从根本上突破这些体制机制上的瓶颈，改革就难以深化，发展就迈不开步伐。

一是要做好顶层设计。对比美国的国家创新体系，我国与之有很大不同。《美国创新战略》是一个带有顶层设计的战略性、研究性报告，首先，其战略目标是要促进美国经济复苏和高质量就业，保持其全球创新的领导地位。其次，其主攻方向和重点明确，符合美国国家目标和比较优势，但目前我国创新驱动发展战略的主攻方向尚不够明确。此外，《美国创新战略》提出的措施比较实、比较具体，而不是原则性的。

二是要破除创新资源分配上的障碍。近年来市场化的改革方向，是要发挥市场在资源配置中的主体性作用，很多高校和科研院所都有着市场化的趋势。一方面，发挥市场能力，能够在相当程度上改善计划经济体制下存在的资源分配条块分割缺乏统一性的问题，并且能够激发科研人员的创新活力。另一方面，过于市场化的导向，会让创新从原来的“官”本位的一个极端，走向“钱”本位的另一个极端，造成创新风气的浮躁化。在调研中我们发现，很多基础研究都要依赖长期稳定的资金支持和跨界学科的支持，如果按照完全市场化的方式，很多短期内难以看到成效的研究就无法开展，因此，破除资源分配机制的障碍是激发社会创新活力的紧迫要求。

三是要建立正确的绩效考评机制。创新工作是一项需要投入巨大心力才能完成的工作，需要高度和长期的专注性。现在很多科研人员，终日忙于各种行政会议，还要为拿项目、应付各种检查和编写各种报告花费大部分精力，极大耗散了创新工作者的专注程度。同时，科研经费的管理也给了科研人员很多压力。因此，建立正确的绩效考评机制，最大化地减少科研人员日常琐事，才能充分发挥创新活力。

4. 共享创新红利提升创新效能

开拓创新的本质是通过新的生产关系释放更大的生产力。这部分新释放出来的生产力，就是创新红利。当前，我国的经济总量已经稳居世界第二，“分蛋糕”的紧迫性日益显现。习近平总书记在《求是》发表的文章《扎实推进共同富裕》中指出：“当前，全球收入不平等问题突出，一些国家贫富分化，中产阶层塌陷，导致社会撕裂、政治极化、民粹主义泛滥，教训十分深刻！我国必须坚决防止两极分化，促进共同富裕，实现社会和谐安定。”因此，一定要让全社会共享创新红利，才能从根本上提升全社会创新热情。

首先，要以体制机制创新突破利益藩篱，激发创新热情，为经济社会发展、保障和改善民生、保障国防安全提供有力科技支撑。“一灯能灭千年暗”，过去的很多体制机制障碍，如果不从根本上改变，只能在死胡同里打转转，所以一定要通过体制机制创新来突破制约创新红利共享的障碍，才能激发全社会的创新活力。例如，在知识产权保护方面，要建立完善的法治体系，应用先进的技术手段，在保护知识产权的同时，对知识创新人员的利益予以充分保护。

其次，要积极推广各项新技术新产品的社会应用。例如大数据、云计算、人工智能、区块链等数字信息技术，一方面可以作为创新的工具和手段，即时推广应用会为创新积累大量应用场景，提供快速迭代的数据支撑；另一方面也可极大提高人民生产生活的便利。因此，从公共服务部门到教育、医疗、住房等与国计民生密切相关的行业，更要加大新技术的推广力度，让人民群众真正共享到创新的红利，从而有效激发全社会创新活力。

最后，要有效保证公平公正。失去了公平

的效率是没有意义的。但是同时也要正义，公平不等于平均。习近平总书记在《求是》杂志发文指出，共同富裕是社会主义的本质要求，是中国式现代化的重要特征。我们说的共同富裕是全体人民共同富裕，是人民群众物质生活和精神生活都富裕，不是少数人的富裕，也不是整齐划一的平均主义。在高质量发展中促进共同富裕，要正确处理效率和公平的关系，构建初次分配、再分配、三次分配协调配套的基础性制度安排，加大税收、社保、转移支付等调节力度并提高精准性，扩大中等收入群体比重，增加低收入群体收入，合理调节高收入，取缔非法收入，形成中间大、两头小的橄榄型分配结构，促进社会公平正义，促进人的全面发展，使全体人民朝着共同富裕目标扎实迈进。

四、在开拓创新中再创中国奇迹

当前,全面建设社会主义现代化国家和中华民族伟大复兴的新征程已经开启。前进道路上,还会有许多可以预料和难以预料的艰难险阻,还将进行许多具有新的历史特点的伟大斗争。习近平总书记强调,开拓创新“永远是中国共产党人应该具有的历史担当”。我们要统筹中华民族伟大复兴战略全局和世界百年未有之大变局,始终挺立时代潮头,胸怀“国之大者”,把开拓创新作为一种常态,坚持一切从实际出发,保持锐意创新的勇气、敢为人先的锐气、蓬勃向上的朝气,以新作为开创新局面,奋力开拓中国特色社会主义更加广阔的光明前景。[①]

1. 在开拓创新中实现全面建设社会主义现代化国家

2021 年，我国全面建成小康社会，实现了第一个百年奋斗目标。2035 年远景目标提出，在此基础上，再奋斗 15 年，到 2035 年基本实现社会主义现代化；从 2035 年到本世纪中叶，在基本实现现代化的基础上，再奋斗 15 年，把我国建成富强民主文明和谐美丽的社会主义现代化强国。美好前景鼓舞人心、催人奋进，当前和今后一个时期，我国发展仍然处于重要战略机遇期，但机遇和挑战都有新的发展变化。《中共中央关于党的百年奋斗重大成就和历史经验的决议》明确指出，“创新是一个国家、一个

① 穆虹．越是伟大的事业越需要开拓创新，《中共中央关于党的百年奋斗重大成就和历史经验的决议》辅导读本［M］．北京：人民出版社，2021：448.

民族发展进步的不竭动力。越是伟大的事业，越充满艰难险阻，越需要艰苦奋斗，越需要开拓创新”。

习近平总书记强调，“抓创新就是抓发展，谋创新就是谋未来”。从全球范围看，新一轮科技革命和产业变革迅猛发展，科学技术越来越成为推动经济社会发展的主要力量，创新驱动是大势所趋。站在新的历史起点上，必须围绕建设社会主义现代化强国目标，紧扣社会主要矛盾变化，立足新发展阶段，完整、准确、全面贯彻新发展理念，深刻把握高质量发展要求，把创新摆在国家发展全局的核心位置，推动以科技创新为核心的全面创新，形成以创新为主要引领和支撑的经济体系和发展模式，加快构建新发展格局，持续推进质量变革、效率变革、动力变革，着力解决发展不平衡不充分问题，促进共同富裕，激发和尊重基层首创精神，调动全社会创新热情，在开拓创新中实现全面建设社会主义现代化国家。

2. 在开拓创新中实现中华民族伟大复兴

“十四五”时期是我国全面建成小康社会、实现第一个百年奋斗目标之后，乘势而上开启全面建设社会主义现代化国家新征程、向第二个百年奋斗目标进军的第一个五年。进入新发展阶段，是中华民族伟大复兴历史进程的大跨越。顺应时代潮流，适应我国社会主要矛盾变化，统揽伟大斗争、伟大工程、伟大事业、伟大梦想，不断满足人民对美好生活新期待，战胜前进道路上的各种风险挑战，必须坚持开拓创新。回顾百年以来的历史经验，原生的变革基因及深厚的创新力，是中华文明历经磨难而传承至今的核心密码。

百年来，中国共产党带领全国人民大胆探索，创造出人类现代化以来的众多“第一”“唯一”。例如，打破把社会主义等同于计划经济的陈旧观念，推进社会主义与市场经济有机结合；突破所有制禁区，毫不动摇地巩固和发展公有制经济，毫不动摇地鼓励、支持、引导非公有制经济发展；创造性地提出建设现代化经济体系、推进国家治理体系和治理能力现代化等全新命题。经过百年奋斗，中国如今已是世界第二大经济体、制造业第一大国、货物贸易第一大国、商品消费第二大国、外资流入第一大国、外汇储备第一大国……在一穷二白的基础上创造出如此巨大的成就，不得不说是一个奇迹。

“雄关漫道真如铁，而今迈步从头越。”尽管改革开放在各方面都取得了重大进展，使我们站在了更高的起点上，但前进道路上还有不少困难和问题，如经济下行压力较大、社会矛盾明显增多、反腐败斗争形势严峻等。在这样一个历史节点，我们需要凝聚人心、团结一切可以团结的力量，以开拓创新精神攻坚克难，为实现中华民族伟大复兴的历史使命而奋斗。

结束语

越是伟大的事业，越是需要开拓创新

《中共中央关于党的百年奋斗重大成就和历史经验的决议》指出，越是伟大的事业，越充满艰难险阻，越需要艰苦奋斗，越需要开拓创新。

中国共产党自成立以来，领导人民披荆斩棘、上下求索、奋力开拓、锐意进取，不断推进理论创新、实践创新、制度创新、文化创新以及其他各方面创新，敢为天下先，走出了前人没有走出的路，任何艰难险阻都没能阻挡住党和人民前进的步伐，并取得了举世瞩目的伟大成就，夺取了新民主主义革命的伟大胜利，完成了社会主义革命，推进了社会主义建设，进行了改革开放和社会主义现代化建设，开创了中国特色社会主义新时代。

坚持开拓创新是我们经过长期实践积累的宝贵经验之一，是党和人民共同创造的精神财富。当前，我们正经受世界百年未有之大变局和新冠肺炎疫情全球大流行的交织影响，外部环境更趋复杂严峻，国内新冠肺炎疫情防控和经济社会发展各项任务极为繁重艰巨。在全面建设社会主义现代化国家新征程中，必然会遇到各种艰难险阻，需要我们不为任何风险所惧，不为任何干扰所惑，绝不在根本性问题上出现颠覆性错误，以“咬定青山不放松”的执着奋力实现既定目标，以“行百里者半九十”的清醒不懈推进中华民族伟大复兴，勇于进行许多具有新的历史特点的伟大斗争。在这一历史进程中，惟创新者进，惟创新者强，惟创新者胜。只有牢固树立开拓创新理念，善于运用开拓创新方法，不断增强开拓创新能力，把开拓创新作为一种常态，在干事创业中敢破敢立、敢闯敢试，才能取得社会主义现代化建设的新胜利和实现中华民族伟大复兴的新目标。

后　记

坚持开拓创新是党的百年奋斗史的基本经验，这一历史经验弥足珍贵，对于开启我国社会主义现代化新征程具有非常重要的借鉴意义。从党的百年历史经验中汲取智慧和力量，就是要与时俱进、开拓创新，始终保持奋发有为的精神状态，善于应对艰难险阻、敢于破解发展难题，努力创造改革开放和社会主义现代化建设新的伟大奇迹。

本书由中共湖南省委党校（湖南行政学院）经济学教研部、经济社会发展研究中心组织编撰完成，两部门教师合作承担写作任务。胡新良教授任主编，负责拟订写作提纲，书稿的修改完善，杨大庆教授、豆小红教授任副主编。书稿的具体分工如下：前言、后记、第一章：胡新良；第二章：杨燕曦；第三章：杨大庆；结束语、第四章：豆小红；第五章：李宇。

湖南教育出版社对本书的出版给予了大力支持，书中还吸收了学术界相关研究成果和部分资料，此处一并表示感谢！由于编撰者水平有限，书中还存在不足，敬请读者谅解，并请提出宝贵意见。

胡新良

2022 年 1 月

图书在版编目(CIP)数据

制胜之道．坚持开拓创新／曹健华总主编．—长沙：湖南教育出版社，2022.2
ISBN 978－7－5539－4613－9

Ⅰ．①制…　Ⅱ．①曹…　Ⅲ．①中国共产党—党的建设—研究　Ⅳ．①D26

中国版本图书馆 CIP 数据核字（2022）第 031982 号

书　　名	制胜之道·坚持开拓创新 ZHISHENG ZHI DAO · JIANCHI KAITUO CHUANGXIN
总 主 编	曹健华
本册主编	胡新良
责任编辑	戴　军
责任校对	王怀玉
装帧设计	杨发凯
出版发行	湖南教育出版社(长沙市韶山北路 443 号)
网　　址	www.hneph.com
电子邮箱	hnjycbs@ sina.com
客服电话	0731－85486979
经　　销	湖南省新华书店
印　　刷	长沙超峰印刷有限公司
开　　本	787 mm×1092 mm　32 开
印　　张	8.5
字　　数	96 000
版　　次	2022 年 2 月第 1 版
印　　次	2022 年 2 月第 1 次印刷
书　　号	ISBN 978－7－5539－4613－9
定　　价	35.00 元